suhrkamp taschenbuch 4725

MIRIAM STEIN

DAS FÜRCHTEN VERLERNEN

7 MUTPROBEN, DIE ALLES VERÄNDERN

SUHRKAMP

Für Friedgard

Erste Ausgabe 2016
suhrkamp taschenbuch 4725
Originalausgabe

Umschlaggestaltung: ErlerSkibbeTönsmann
Druck: CPI – Ebner & Spiegel, Ulm
Printed in Germany
ISBN 978-3-518-46725-1

»Der einzige Weg, keine Angst zu haben, ist zu sterben.«

Dr. Raphael Rose

1

DEN DÄMON KENNENLERNEN

DIE JESSICA-JAHRE

Irgendwann, 1986. Ich bin neun Jahre alt und hocke im Schneidersitz auf meinem Bett. Im Arm halte ich mein Lieblingskuscheltier, ein etwa 30 Zentimeter langes Schaf. Meine Mutter kauert auf dem Teppichboden, seltsam verdreht.

»Ich kann nicht mehr«, schluchzt sie, »ich schaffe das einfach nicht mehr!«

Aus ihrer unnatürlichen Haltung heraus beginnt sie hin und her zu schwanken, wie jemand, der seine Sitzposition verändern möchte. Der Bewegungsablauf wird kantig, stakkatohaft. Lustig, wenn es das erste Mal wäre. Aber es ist nicht das erste Mal, und es ist nicht lustig. Es sind die düsteren Wesen, die es immer wieder schaffen, in ihr Inneres vorzudringen, und gegen die ihr Körper nun mit aller Kraft ankämpft.

Meine Mutter schwankt, weil sie mit ihrer Angst ringt.

Schwanken, Halt suchen, Sturz. Diese Choreografie ist seit einigen Monaten Teil ihrer neuen, düsteren Identität und unseres Familienalltags.

Noch Jahre später werde ich die subtilsten Vorboten erkennen können. In diesem Moment versucht sie, sich wieder zu fangen und weiterzusprechen. Ich kann es sehen; ihr tiefes Bedürfnis, etwas loszuwerden,

»Jessica wird nicht mehr bei uns wohnen«, bringt meine Mutter schließlich hervor. »Das Jugendamt sucht schon eine neue Familie für sie.«

Die sechsjährige Jessica ist meine Pflegeschwester. *Gewesen,* wie ich nun den Worten meiner Mutter entnehme.

Ich bin erleichtert, denn mit ihr sind die düsteren Wesen bei uns eingezogen.

Noch während meine Mutter spricht, stelle ich mir vor, wie Jessica ihre Koffer packt, ihre kleinen Unterhosen und T-Shirts. Die Cordhosen. Meine abgelegten, bunten Sweatshirts. Ich stelle mir vor, wie sie schniefend in ein fremdes Auto steigt, das sie an einen unbestimmten Ort fahren wird, von dem sie nicht wieder zurückkehren kann. Ich spüre, dass diese Bilder bald Realität werden. Euphorische Wellen rollen durch meinen Bauch.

Allerdings lasse ich mir das nicht anmerken. Ich blicke stattdessen in das Gesicht meiner Mutter, höre ihr aufmerksam zu, nicke mitfühlend. Und merke, wie die Wesen die Oberhand gewinnen und sie mir entfremden.

Mittlerweile passiert ihr das ein-, zweimal die Woche, zum Beispiel beim Kochen. Eben noch hält sie einen Kochlöffel in der Hand oder rührt Soßenbinder in den Bratenfond, im nächsten Moment fliegt der Löffel durch die Luft, und der Inhalt der Packung rieselt zu Boden.

Wenige Sekunden später (nie bin ich schnell genug) finde ich sie auf dem Küchenfußboden, umgeben von einer bräunlich eingefärbten Staubschicht Kartoffelmehl, weinend und schimpfend. Ich will ihr aufhelfen, schaffe es aber nicht, sie ist zu schwer, zu passiv.

Auf allen vieren krabbelt sie zum Sofa. Mein Vater kommt. Er bringt ihr ein Glas Wasser.

Derweil renne ich in den Hauswirtschaftsraum direkt neben der Küche, öffne den Einbauschrank, greife nach Kehrblech und Handfeger, fege den Soßenbinder auf und lege den Löffel wieder auf die Arbeitsfläche.

Chaos-Beseitigung, Schadensbegrenzung, Pflege, all diese Themen rauschen mir dabei durch den Kopf. Alles ist unter Kontrolle, solange ich effizienter funktioniere als ihre Angst. Ich muss schneller werden.

Oder es passiert so: Die ganze Familie sitzt sonntags nach dem Gottesdienst um den Tisch herum und wartet auf das Mittagessen, das sie zubereitet hat, während wir in der Kirche waren. Die letzten Minuten vor dem Tischgebet erfordern einen logistischen Höchstaufwand. Raus aus den Mänteln und den guten Schuhen, rein in die Hausschuhe, anpacken: Soßen abseihen, Klöße in Schüsseln umfüllen, grüne Bohnen mit in Butter gebräunten Semmelbröseln übergießen. Dabei bloß nicht die Butter verbrennen lassen! Das gute Geschirr nehmen, das aus dem Wohnzimmerschrank!

Geschirr klappert, Schranktüren schlagen, alle sechs Familienmitglieder laufen durcheinander. Meine Eltern schreien, meine ältere Schwester schweigt, mein älterer Bruder schimpft vor sich hin, Jessica heult. Und ich flitze zwischen allen hin und her.

Irgendwann lassen wir uns erschöpft an den Tisch fallen. Aus den Schüsseln dampft das Essen und überzieht den Schirm der großen Messingtischlampe über uns mit einer feinen Schicht Kondenswasser. Allgemeines Durchatmen, ein Augenblick der Stille. Und –

»Komm, Herr Jesus, sei Du unser Gast und segne, was Du uns gegeben hast. Amen. Guten Appetit!«

Alle beladen ihre Teller, greifen zum Besteck und beginnen zu essen. Jessica stochert im Essen rum: »Das Fleisch schmeckt mir nicht, es ist hart …«

Mutter lässt die Gabel sinken und beginnt zu schimpfen: »Bitte was? Stundenlang habe ich in der Küche gestanden und …« Und gleich darauf geht es schon los. Schwanken, Festhalten, Gesicht verziehen. Dann kommen auch schon die Wesen, wie Geister aus Gruselbüchern.

Sie fällt zitternd vom Stuhl, reißt sich Bluse und Hose vom Körper, bis sie in Unterwäsche über ihre geliebten rostroten Terrakotta-Fliesen zum Sofa robbt. Sie zieht sich auf die Couch und weint. Wenig später kommt der Schüttelfrost, sie zittert, dass ihre Zähne aufeinanderklappern.

In dieser ganzen Zeit nehmen wir schweigend unser Essen ein und versuchen dabei, möglichst laut mit dem Besteck über die Teller zu fahren, doch die Geräuschkulisse ihrer Angst übertönt uns immer.

Schließlich steht mein Vater auf und geht mit hilfloser Miene zu ihr. »Was soll ich denn tun?«, fragt er nervös und leise ungeduldig.

»Lass mich!«, schrillt es zurück. Und wenig später kommt er noch hilfloser zu uns zurück. Er guckt jetzt wütend. »Was ist mit der Mama?«, fragt dann Jessica. Eine dumme und überflüssige Frage, die meine anderen Geschwister und ich uns längst abgewöhnt haben, da die Antwort immer gleich lautet: »Der ist schwindelig.«

Dann essen wir weiter.

Natürlich habe auch ich Fragen, aber ich stelle sie nie laut. Wie es sich wohl anfühlt, schwindelig vor Angst zu sein? Fühlt es sich an wie Kettenkarussellfahren, bis einem schlecht wird? Oder wie Trampolinspringen, bis die Beine wegknicken wie morsche Streichhölzer?

Ich stelle mir regelmäßig eigene kleine Mutproben, um verstehen zu lernen. Das Resultat ist allerdings stets das Gleiche, ich fühle mich schwach und durchgeschüttelt, aber nie verängstigt.

Mit meinen Selbstversuchen kann ich meiner Mutter sowieso nicht helfen, im Gegenteil, ihr Zustand verschlechtert sich von Tag zu Tag, ihre Anfälle häufen sich, die einfachsten Dinge, Aufstehen, Baden, Anziehen, fallen ihr zunehmend schwer.

In meinem Hals bildet sich mit jeder neuen Einschränkung ein festerer Knoten, der immer massiver wird und schließlich immer tiefer in meinen Brustkorb abrutscht. Dort breitet er sich aus, frisst sich vor bis zu meiner Seele und füllt sie mit bleierner Traurigkeit.

Ich überlege. Alles, was ich besitze – die Kuscheltiere, meine Puppen und Puppenstube, mein Playmobilhaus und alle Filzstifte –, was kann ich entbehren? Wovon habe ich zwei? Brauche ich zwei Arme, oder tut es auch einer? Zwei Ohren? Zwei Füße? Ich würde alles opfern, um meine Mutter aus den Klauen der dunklen Wesen zu reißen. Die aber wollen nur sie.

Ich weiß nicht genau, wer sie sind, aber ich glaube zu wissen, mit wem sie Einzug gehalten haben: mit Jessica. Es ist alles ihre Schuld. Seit drei Jahren lebt sie bei uns. Sie nennt meine Eltern »Mama« und »Papa«, war mit uns im Urlaub in der Schweiz wandern, hat Weihnachtsgeschenke bekommen, abgelegte Kleider von meiner Schwester und mir aufgetragen und bewohnt ein eigenes Zimmer mit ihrem geliebten »Sofabett«. Mittlerweile ist sie sechs Jahre alt, drei Jahre jünger als ich.

Mein Bruder und meine Schwester sind dreizehn und vierzehn Jahre alt, das scheint unendlich weit entfernt von uns zu sein. Sie beobachten uns mit der typischen Herablassung, mit der ältere Kinder jüngere ansehen. Sie vermitteln: Wir wissen etwas, das ihr nicht wisst, sagen es euch aber nicht.

In Wahrheit sind sie in unserer neuen Situation ebenso ratlos wie ich.

Jessica ist ein kleines, blasses Mädchen mit graublauen, oft wütenden Augen und glanzlosen braunen Haaren. Und sie ist anders als wir anderen Kinder. Wir sind drahtig, mein Bruder und ich gelten sogar als untergewichtig. Jessica schaufelt das Essen in sich hinein (»esssüchtig« diagnostizieren meine Eltern) und schleppt noch ihren Babyspeck mit sich herum, ihre Arme und Beine sehen aus wie aufgepustet. Sie ist widerspenstig und spricht »nicht altersgemäß«. Und ungestüm ist sie.

Wir Kinder erfahren wenig über sie, über ihre Herkunft, ihre Familie. Erst heute kenne ich ein unflätiges Wort für das, was sie war: ein *Army Brat*. Ihr Vater diente als Soldat auf der britischen Militärbasis in Osnabrück, mit über 3000 Soldaten und 500 zivilen Angestellten der größte Stützpunkt außerhalb Großbritanniens.

Als Jessica auf die Welt kam, war ihre Mutter wohl selbst noch ein Kind, ein »prekärer Teenager«, den man nach der Niederkunft in einer betreuten Wohneinrichtung untergebracht hatte.

Jessica verbrachte deshalb die ersten Jahre ihres Lebens bei der Mutter ihrer Mutter, einer Oma namens Mimi, die in einem Hochhaus im entfernten Stadtteil Dodesheide lebte (»Dort wohnen viele Engländer«).

Mimi war wohl auch alles andere als eine Vorzeigeoma, das Jugendamt stellte Jessica einen gesetzlichen Vormund. So war sie schließlich bei uns gelandet.

»Viertes Wunschkind« war die ihr zugewiesene Rolle im präzisen Familienplan meiner Mutter, den sie schon seit ihrer Jugend und Ausbildung zur Erzieherin verfolgt hatte und der lautete: Heiraten, ein eigenes Haus und vier Kinder, zwei eigene, zwei angenommene. »Warum noch mehr Kinder in die Welt bringen, wenn so viele leiden?« war ihre Losung.

Das erste Kind, das gelitten hat und gerettet wurde, bin ich selbst.

Im Juli 1977 wurde ich auf einer Straßenkreuzung in der südkoreanischen Stadt Daegu von einem Passanten gefunden und in ein katholisches Waisenhaus gebracht. Laut den Aufzeichnungen der örtlichen Behörde war ich damals ungefähr drei Monate alt. Drei weitere verbrachte ich in diesem Waisenhaus, bevor mich die südkoreanischen Behörden zur Adoption freigaben (»Gesunder weiblicher Säugling. Gut vermittelbar«).

So landete ich am 8. November 1977 am Frankfurter Flughafen in den Armen meiner Mutter, in der Familie Stein. Dort entwickelte ich mich nach einem schwierigen ersten Jahr mit Schlafstörungen prächtig: Ich wuchs zu einem aufmerksamen, angepassten Kind heran, einer guten Schülerin, zu dem, was Freunde der Familie, Lehrer und Eltern meiner Mitschüler als eine wohlerzogene Tochter bezeichneten.

Meine Existenz regt immer wieder zu Lob an: »Ehrenvoll, so ein fremdes Kind aufzunehmen!« Oft stehe ich daneben. Fremd komme ich mir immer nur in solchen Momenten vor.

Jessica ist also auf die letzte vakante Familienplan-Stelle gerückt, die des zweiten erlösten Kindes.

Allerdings ist es vom ersten Tag an, als zöge sie in die Schlacht gegen einen alten Feind. Sie platzt förmlich vor Wut. Mehrmals am Tag bekommt sie schreckliche Wutanfälle, Ausbrüche wie Erdbeben.

Entsprechend unverhältnismäßig viel Platz nimmt sie im Haus, in unserer Familie ein. Bekommt sie mal nicht, was sie will (und sie will vor allem Süßigkeiten, Süßes, Zucker, Liebe), bläht sich ihr kleiner Körper auf wie ein Gasluftballon, und der kindliche Zorn prasselt auf ihre Umgebung ein wie kochende Lava. Dazu tritt sie um sich, schlägt mit ihren kleinen Fäusten auf jeden ein, der sich ihr nähert. Und wenn sich niemand mehr herantraut, wirft sie sich auf den Boden und schreit ihre gesamte, archaische Wut aus ihrer jungen kleinen Seele heraus.

Jeder Erwachsene, der einmal ein wütendes, nicht zu beruhigendes Kleinkind erlebt hat, kennt die Schweißausbrüche, die Scham und Pein, das beißende Gefühl des Bloßgestelltseins. Ich weiß heute, wie meine Eltern sich damals gefühlt haben müssen:

Ihre anderen Kinder sind so anders. Sie entwickeln Angst vor diesen Anfällen. Sie trauen sich kaum noch mit Jessica an Orte wie Supermärkte oder Zoos, weil dort das Konfliktpotential ist, das zu den Anfällen führt: Süßigkeitenstände. Jessica will Zucker, als hinge ihr Leben davon ab.

Ich empfinde sie vor allem als lärmend und somit störend, besonders, weil sie meine Mutter nach und nach immer schwindeliger macht.

Nach jeder Attacke behalte ich Jessica sorgfältig im Auge, sorge dafür, dass sie sich möglichst ruhig verhält und meine Mutter nicht noch einmal aus dem Konzept bringt. Am besten funktioniert das, indem ich mich Jessica gegenüber zunächst sehr nett verhalte, verspreche, mit ihr zu spielen, ihr meine Spielsachen auszuleihen. Später, wenn wir unter uns sind und meine Mutter sich ausruht, wische ich ihr dann eine von der Seite. Einfach so. Zack. Ein Klaps hier, eine Watschen dort. Bekommt ja keiner mit, und sie hat es verdient.

Zumal – Jessica findet das offenbar auch, denn sie wehrt sich nie. Egal, wie ausfällig sie sonst auch wird, meine Gemeinheiten steckt sie ohne ein Wimpernzucken weg. Sie fängt sogar an, mir nachzueifern.

Sie bittet meine Mutter, ihr die Haare genauso zu flechten wie meine. »Wenn ich lange genug bei euch wohne, werde ich wie Miri!«, sagt sie häufig.

Ihr Lebensziel wird, wie ich zu sein. Meines wird, sie loszuwerden. Ich habe wahnsinnige Angst, dass es meiner Mutter nicht besser gehen wird, solange Jessica in unserer Familie lebt. Also gehe ich auf Abgrenzungskurs.

Wenn wir zu Ostern oder zu Weihnachten Schokohasen oder Weihnachtsmänner geschenkt bekommen, reißt die Kleine sofort die Folie ab und stopft sich die Schokolade in den Mund, als versüßten Zucker und Fett ihre vermaledeite Existenz. Ich hingegen sortiere die Nikoläuse und Hasen aus, drapiere sie auf einem Regal in meinem

Zimmer, wo ich (und jeder andere) sie jeden Tag sehen können.

Unser altes, harmonisches Familienleben findet derweil nur noch auf den Fotos im Fotoalbum statt:

Meine Geschwister und ich, planschend im Brunnen unserer alten Nachbarn. Wir fünf beim »gemütlichen Abend«, Chips essend und Fanta trinkend. Wir drei Kinder beim Spielen im alten Garten, der klein und abschüssig war und in dem wir beim Schaukeln in den großen, dunklen Tannen verschwanden, die am Ende des Grundstücks die Grenze zum Nachbarn markierten.

Das alte Haus hatte noch den Eltern meiner Mutter gehört. Meine Mutter mochte es nie, so sind wir 1984 umgezogen in eines, das mein Vater nach ihren Wünschen entworfen hat, größer und heller, mit einem großen, ebenen Garten und einem Schaukelgerüst ohne Tannen.

Mein Vater schimpft oft über die Schulden, die ihm nun wegen des Traumhauses auf den Schultern lasten, und er arbeitet noch mehr. Selbstverständlich mag ich unser neues Haus, doch ich verstehe nicht, was an dem alten so ungenügend sein soll. Zumal es dort keinen Platz für ein viertes Kind gegeben hätte. Meine Schwester und ich hatten uns dort ein Zimmer geteilt.

Nun, da wir mehr Platz haben, scheint die Ordnung, die unsere Familie früher stabil gemacht hat, plötzlich nicht mehr gewährleistet. Meine Mutter schwankt, wenn sie kocht, wenn sie einkauft, wenn sie auf einen Stuhl steigt, um eine Packung Kekse im Schrank über dem Kühlschrank zu verstauen. Mein Vater verschwindet aus dem Alltag. Mein Bruder zuckt die Schultern. Meine Schwester verschanzt sich in ihrem Zimmer. Jessica brüllt. Und ich leide.

Wenn ich nachts wach in meinem Bett liege, bete ich zum lieben Gott, dass Jessica wieder in das Hochhaus in der Dodesheide zieht. Oder sogar noch grausamer: dass sie in ein Kinderheim muss. Obwohl das, laut meiner Mutter, für Kinder das Allerschlimmste überhaupt ist.

Diesen dunklen Wunsch vergrabe ich also tief in meinem Herzen, denn wenigstens ich muss ja ein liebes Kind bleiben.

An jenem Nachmittag 1986 in meinem Zimmer aber geht der Wunsch schließlich in Erfüllung. Jessica wird gehen. Der Koffer wird gepackt, der Platz, den sie eingenommen hat, wird endlich geräumt, der Störfaktor entfernt.

Alles auf Anfang.

Meine Mutter hört unten auf dem Boden auf zu zittern und weint nur noch. »Ich glaube, wir sind alle besser dran, wenn Jessica nicht mehr bei uns lebt«, schluchzt sie und streckt ihre Hände aus. Ich lege das Schaf mit Bedacht zur Seite und nehme ihre Hände in meine. Sie bekommt nach jeder Panikattacke Schüttelfrost, und der wühlt sie nun so sehr auf, dass ich ihre Hände mit meiner gesamten neunjährigen Kraft festhalten muss. Damit sie endlich ein bisschen ruhiger wird.

»Weiß sie es schon?«, frage ich.

»Nein, Jessica weiß noch nicht, dass sie nicht bei uns bleiben kann. Ich sage es ihr in Ruhe. Mit Gottes Hilfe werde ich die richtigen Worte finden.«

Der Anblick meiner Mutter bricht mir fast das Herz.

Blass und schmal ist sie geworden. Ihre Wangen sind eingefallen, die Haut grünlich, die blonden Haare hängen unfrisiert um den Kopf. Noch vor wenigen Monaten hat sie sich in einem eleganten, teuren Laden in der Stadt ein neues Kostüm gekauft, ein Jackett mit passendem Faltenrock aus karierter Wolle, ungewöhnlich chic für meine Mutter. Sie war wahnsinnig stolz darauf, und ich auf meine Mutter. Wenn sie es trug, sah sie aus wie eine feine Dame. Doch jetzt passt es ihr nicht mehr.

In den vergangenen Wochen ist etwa ein Viertel von ihr einfach weggeschmolzen. Das Essen hat sie fast vollständig eingestellt. Wenn sie mich in den Arm nimmt, spüre ich weniger Mensch als zuvor (allerdings passiert das nicht häufig, zu viel physische Nähe erträgt sie sowieso nicht mehr).

Ich betrachte sie, zerfasert vom Kummer, halb aufgefressen von der Angst. Ihr Elend brennt noch stärker in mir als mein eigenes, böses Glücksgefühl darüber, dass mein Gebet scheinbar erhört wurde.

Wenige Tage später sprechen meine Eltern mit Jessica. Ihre Trauer überschwemmt unser Haus, setzt jedes Zimmer unter Wasser, ertränkt jede vielleicht noch vorhandene Fröhlichkeit. Sie weint tagelang – wie viel Liter Tränen ein Körper wohl produzieren kann?, frage ich mich.

Sie schreit auch, und wie. Die Wände beben, die Fenster zittern. Schließlich fleht und bettelt sie. Es ist unerträglich. »Bitte, bitte, ich werde auch wie Miri, bitte, ich werde brav, ich verspreche es, bitte, bitte lasst mich hierbleiben!« Nach dem ersten Schock kommt die Verlustangst: »Mein Zimmer! Mein Sofabett! Mein Fahrrad! Meine Familie!« Die Trauer ist endlos.

Meine Freundin Lisa heult auch, als ich ihr erzähle, dass Jessica nicht mehr bei uns leben wird.

»Wie kann man denn seine Schwester weggeben?«, schluchzt sie.

»Sie ist doch gar nicht meine Schwester«, antworte ich kühl.

Tief in mir fühle ich Erleichterung. Endlich wird alles wieder in Ordnung kommen, alles wird wieder wie früher, meine Kindheit kann endlich so weitergehen, wie ich sie vor Jessica in Erinnerung habe. Meine Mutter wird wieder für mich da sein, wird sich um mich kümmern, wird nicht mehr weinen oder schwanken und sich nicht mehr so aufregen, und mein Vater wird vielleicht wieder häufiger zu Hause sein.

Am Tag, als Jessica wirklich auszieht, sind wir Kinder nicht zu Hause, meine Eltern haben uns ausquartiert. Ich spiele bei Lisa mit ihren Barbiepuppen, und während sie heult und fragt, was nun aus Jessica werden wird, schweige ich und spiele und freue mich innerlich – und schäme mich wahnsinnig dafür.

Meine Pflegeschwester hinterlässt ein leeres Zimmer, in das wir unser Bügelbrett, einen zweiten Fernseher und einen Videorekorder stellen. Nach dem Tag ihrer Abreise hören wir Kinder kein Wort mehr über sie, und wir fragen auch nicht. Keiner erwähnt ihren Namen. Es ist, als habe sie nie existiert. Die Fotos, auf denen sie zu sehen war, der

Schweizer Urlaub, ihre Einschulung auf der Sonderschule, sind kommentarlos von den Regalen verschwunden.

Wir sind wieder unter uns.

AUFLÖSUNG

Nach nur wenigen Wochen ist allen klar, dass der falsche Dämon ausgezogen ist. Mutters Schwindel bleibt beharrlich, er wird sogar noch schlimmer, die Anfälle häufen sich jetzt. Sie zieht sich nicht mehr regelmäßig an, sondern verbringt Tage und Wochen in ihrem Frottee-Bademantel, immer häufiger bleibt sie gleich im Bett liegen. Dort schwitzt und zittert sie, schlottert vor Kälte, weint und schluchzt: »Ich – habe – so – furchtbare Angst!«

Das ist eine Krankheit, sagt sie, eine psychische Krankheit. Das Wort »psychisch« kenne ich von Frau Brüggen, einer eleganten, zurückhaltenden Frau mit langen, zarten Fingern und mitfühlenden Augen. Ich mag sie, ihre Anwesenheit beruhigt mich. Frau Brüggen ist Psychologin. Zwar weiß ich nicht genau, was das heißt, aber meine Mutter sagt, sie sei da, um uns zu helfen. Um ihr zu helfen.

Seit den letzten Jessica-Jahren kommt sie einmal pro Woche zu uns. Meine Mutter erzählt ihr von den Sorgen mit dem Pflegekind. Hin und wieder spricht Frau Brüggen auch mit mir.

Einmal erzähle ich ihr von meiner eigenen Erschöpfung. Sie fragt: »Machst du das deiner Mutter nach?« Was?, denke ich, Hilfe, nein! Ab diesem Zeitpunkt geht »es« mir gut. Vor jedem, ausdrücklich und jahrelang. Ich entwickle geradezu Angst davor, schwach zu wirken.

Wenn meiner Mutter gerade mal nicht schwindelig ist, schimpft sie. Darüber, dass keiner in unserer Gemeinde ihr die angemessenen Genesungswünsche ausrichten lässt. Darüber, dass sich niemand um sie kümmert. Dass es niemanden interessiert, ob es ihr schlecht geht. Dass ihre Krankheit nicht als solche akzeptiert wird, sie nicht neben den Krebskranken genannt und in die Gebete eingeschlossen wird.

Mich wundert das nicht. Wie soll Angst eine Krankheit sein? Angst habe ich schließlich auch. Davor, dass meine Mutter nie wieder wie früher wird. Davor, dass ich schuld daran bin, dass Jessica jetzt vielleicht in einem namenlosen Kinderheim wohnt *und* dass meine Mutter nie wieder wie früher wird.

Ich habe Angst davor, nicht mehr so gut in der Schule zu sein wie meine Freundin Lisa. Oder dass ich niemals in meinem Leben eigene Barbiepuppen besitze. Oder dass ich nicht schnell genug erwachsen werde.

Vor allem habe ich Angst davor, dass der Zustand meiner Mutter nicht nur permanent, sondern auch irgendwie ansteckend ist. Dass dieser seltsame Schwindel, der scheinbar über Nacht gekommen ist, auch meinen Vater oder am Ende sogar mich selbst infizieren könnte.

Wenn alles so weiterläuft, wird die Krankheit meiner Mutter immer über allem stehen. Ihre zuckenden Bewegungen werden ankündigen, dass wir Rücksicht nehmen müssen, dass Pläne geändert und ganze Runden von Gästen nach Hause geschickt werden müssen. Es würde bedeuten, dass sie nie unsere Schultheaterstücke oder später die Abifeiern besuchen wird. Dass wir keine Familienausflüge mehr machen können. Es würde Auflösung bedeuten.

Irgendwann weiß ich es: Ich muss den Dämon finden, ehe er mich findet.

Herausfinden, woher er kommt, was der Schwindel damit zu tun hat und warum er umschlägt in Angst.

Mein Schuldgefühl wegen Jessica ist interessanterweise meine stärkste Waffe. Es soll meine Silberkugel werden, mein Holzpflock, mein Weihwasser. Mit meiner eigenen Furcht als Motor und der Schuld als Offensivwaffe beginne ich im Alter von neun Jahren meinen ersten Feldzug gegen die Angst.

Ich gehe in unseren Garten und schaukle so lange auf unserer neuen Schaukel, bis mir schwummerig wird. Danach fahre ich so lange mit dem Fahrrad im Wendekreis vor unserem Haus herum, bis sich die Straße um mich dreht. Anderntags, im Schwimmbad, steige ich auf das Dreimeterbrett und springe mit ausgestreckten Armen herunter. Nicht einmal, sondern so lange, bis die Äderchen in meinen Handgelenken aufplatzen und sich lauter kleine Blutergüsse unter der Haut bilden.

Es schmerzt, und ich habe jedes Mal wieder Angst vor dem Aufprall auf dem Wasser. Doch weiter passiert nichts.

FRAU BRÜGGEN

Als meine Mutter damals, zu Beginn der 80er Jahre erkrankte, stand die therapeutische Behandlung von Angstneurosen noch am Anfang. Dementsprechend hilflos waren wir, reagierte unser Umfeld.

Frau Brüggen schickte meine Mutter in den ersten Wochen nach ihrer Konsultation zu allen möglichen Ärzten, vom Hausarzt über Internisten bis hin zum »Nervenarzt«, einem Neurologen, und alle gingen auf die Suche nach einem richtigen, einem körperlichen Leiden. Keiner fand eins. Entsprechend stand »Mal weitersehen« als eine Art Generalrezept unter den Ergebnissen dieser Untersuchungen.

Als Nächstes versorgte Frau Brüggen meine Mutter mit Unterlagen über »psychosomatische Kliniken«. Sie schlug Tai-Chi-Kurse zur Entspannung vor. Doch nichts davon konnte meine Mutter sich vorstellen, sämtliche Maßnahmen waren für sie Mutproben, denen sie sich nicht mehr stellen konnte.

Nach und nach schaffte meine Mutter selbst die alltäglichsten Dinge nicht mehr. Anziehen, am Tisch sitzen. Aus dem Haus gehen, Einkaufen. Einen Kinobesuch, eine Zugfahrt, kurz, am Leben teilnehmen.

Meine Geschwister zogen sich immer weiter zurück. Ich fragte mich: War nicht eben noch alles gut, hatten wir nicht gerade noch zusammen über das schlechte Wetter an der dänischen Küste und die dicken roten Quallen gelacht? Wie kamen wir von Verkleidungskisten zusammenstellen, von Kindergeburtstagen und Käsesahnetorten dazu, das Haus nicht mehr zu verlassen? Was war nur geschehen? Bis zu welchem Punkt hatten wir zu Hause »normale«, gesunde Angst erlebt, wann war sie ins Krankhafte gekippt? Heute denke ich, dass sie schon immer da war.

Wenn ich mich anstrenge, sehe ich bruchstückhafte Bilder unseres Lebens vor Jessica, wie amateurhaft zusammengeflickte Super-8-Filme:

Meine Mutter, auf dem Beifahrersitz unseres Familienautos auf Fahrten über Serpentinen im Urlaub, wie sie zittert und wackelt. Oder im Ski-Urlaub, sie kann nur in kleinen Gondeln und Sesselliften fahren – Schlepplifte und große Gondeln lösen Panik aus, die Enge, die vielen Skifahrer, dicht an dicht, in ihren Viskose-Skianzügen …

Kindergartenveranstaltungen, wo sie weit ab von allen anderen Eltern wankend steht. Ich sehe uns beide, mich vielleicht mit vier, fünf, im Schwimmbad beim »Schlafanzugschwimmen«, eine Eltern-Kind-Sportstunde, in der Kinder und Eltern buchstäblich das tun: im Schlafanzug schwimmen. Meine Mutter ist starr vor Angst, in ihrem praktischen blauen Unisex-Frottee-Schlafanzug. Ich, die ich weder springen noch tauchen noch sonst irgendwas Aufsehenerregendes machen kann, stehe in einem vom Wasser schweren Frottee-Nachthemd auf dem Beckengrund und warte nur verzweifelt darauf, dass die Stunde vorbeigeht.

Waren wir eigentlich je zusammen auf der Kirmes gewesen? Fehlanzeige. Rumtoben? Ging nicht. Kino? Nope, zu dunkel. Theater? Zu voll. Flugreisen? Auf gar keinen

Fall! Verstecken, durch Tunnel krabbeln, wippen – ausgeschlossen mit meiner Mutter. Richtig kuscheln, sich so umarmen, dass man tief in der Brust das Gefühl hat, jetzt gerne einander erdrücken zu wollen vor lauter Liebe? Kannte meine Mutter nicht. Lernten wir nicht kennen.

Immer wieder hörten wir: Das geht nicht, Angst.

Irgendwann hörte ich auf, Vorschläge zu machen, und überlegte nur noch, wie ich die Angst meiner Mutter weitläufig umschiffen könnte. Ich verstand das alles nicht. Ich hinterfragte es aber auch nicht, zumindest nicht laut.

Als meine Mutter vor Angst schon nicht mehr das Haus verlassen konnte, arbeitete im fernen Kalifornien ein deutscher Forscher namens Jürgen Margraf aus Hessen an der Universität Stanford an einem neuen Konzept zur Angstbehandlung. Gegenüber der klassischen, rein biologischen Erklärung erforschte Margraf eine neue, kombinierte Theorie: Am Anfang einer Panikattacke stehen zwar körperliche Symptome, entscheidend aber ist, mit welchen Gedanken der Patient darauf reagiert. Lässt er sich von seinem klopfenden Herzen, seinen Schweißausbrüchen beunruhigen, beschleunigt sich sein Herzschlag ebenfalls, und ein körperlicher Teufelskreis entsteht. Die Spirale der Angst dreht sich, der Patient fällt in bodenlose Angst.

Margrafs Therapie setzt an diesem Punkt an: Wenn der Patient vom Therapeuten überzeugt werden kann, dass die Symptome harmlos sind, dass ein Auslöser im Kopf das Herzrasen auslöst, wird dieser Teufelskreis unterbrochen.

In seiner Behandlung wurden körperliche Angstsymptome absichtlich provoziert, etwa durch eine Hyperventilationsübung mit 60 Atemzügen pro Minute. 1989 erschien die Therapieanleitung »Panik-Angstanfälle und ihre Behandlung«, verfasst von Jürgen Margraf und seiner Frau, der Psychologin Dr. Sylvia Schneider. Sie gilt bis heute als Standardwerk der modernen Konfrontations- respektive Expositionstherapie.

Doch damals drangen seine Erkenntnisse nicht bis zu uns durch. Es wäre auch gar nicht gelungen, keinem von uns, Mutter zu einer richtigen Therapie zu überreden. Ich erinnere mich gut, dass eine solche Konfrontation mit ihrer »psychischen Krankheit« sehr wohl zur Diskussion stand: Doch meine Mutter weigerte sich, mit Frau Brüggen in die Stadt und zu den entsprechenden Ärzten zu gehen. Sie glaubte nicht daran, dass es ihr helfen würde, der Angst ins Auge zu blicken.

Mittlerweile litt sie an extremer Klaustrophobie (Raumangst), Akrophobie (Höhenangst) und Agoraphobie (Platzangst). Eigentlich hatte meine Mutter ab einem gewissen Zeitpunkt vor so ziemlich allem Angst. Menschenmassen. Geschlossene Räume. Rolltreppen. Flugzeuge, Dunkelheit, Ersticken, Wasser, Feuer. Irgendwann reichte sogar die *Vorstellung*, dass etwas Beängstigendes geschehen könnte, um sie in Panik zu versetzen.

Zu Hause schaffte sie es nicht mehr die Treppe runter. Nicht mehr in die Küche, die im Erdgeschoss lag. Nicht mehr in die Waschküche im Keller, nirgendwo mehr hin, wo sie zuvor, als gute Hausfrau und Mutter von drei Kindern, ihrem Job nachgekommen war. Über zehn Jahre lang, jeden Tag im Jahr.

An allen diesen Orten vertraten wir sie jetzt. Der Ausnahmezustand war zum Alltag geworden, jedes Kind hatte seine Aufgaben und kam ihnen nach. Meine drei Jahre ältere Schwester bei der Wäsche, ich beim Kochen und unser älterer Bruder beim Einkaufen.

Ansonsten zogen wir uns von der Welt zurück. Wir fanden keine Worte für unsere Situation, niemand fand sie oder wusste, wie man uns das, was passierte, kindgerecht erklären könnte. Googeln konnten wir ebenso wenig wie Studien anfragen, Experten kontaktieren, Meinungen einholen.

Auch redeten wir Geschwister untereinander kaum darüber, was passierte. Wir funktionierten, erledigten die anstehenden Aufgaben und gingen ansonsten zur Schule.

Nur einmal kam eine Tante mit ihrem Baby, um auf uns aufzupassen. Meine Geschwister verweigerten stur jedes Gericht, das sie für uns zubereitete. Ich aber schaufelte alles brav in mich hinein. Nach ein paar Wochen reichte ihr mein Einsatz nicht mehr. Sie schmiss das Handtuch, nahm ihr eigenes Kind und fuhr heim. Wir drei waren also wieder allein. Schule, Hausarbeit, auf Mutti aufpassen, Musikunterricht. Bis Papa am Wochenende kam. Am Sonntag ging's in die Kirche.

So wurde die Krankheit über mehrere Jahre nicht behandelt, sondern integriert. Meine Mutter – die Kranke. Wir Kinder – die Kompensierenden. Unsere Rollen waren festgelegt, und ich erinnere mich nicht daran, jemals gedacht zu haben: Jetzt muss aber mal dringend was passieren! Jemand muss uns helfen!

Im Gegenteil, Hilfe erschien mir aufdringlich, grenzüberschreitend. Ich wollte ja, dass es meiner Mutter besser ging, dazu bedurfte es keiner Hilfskraft, keiner Stellvertreter. Es handelte sich um eine Familienangelegenheit.

Ich wurde zehn, ich wurde elf. Wir kapselten uns immer mehr von der Nachbarschaft ab. Mein Vater bekam auf mysteriöse Art und Weise immer mehr Arbeit in Hamburg, verbrachte in Folge immer weniger Zeit zu Hause. Was war nur aus meinem Leben, aus meiner Kindheit geworden? »Wenn ihr da drinnen einen Lagerkoller bekommt, dann geht doch einfach raus!«, schimpfte mal ein Bekannter. Gute Idee. In den Habichtswald vielleicht?

Der Habichtswald war eine Land-Gaststätte, die etwa 20 Autominuten von unserem Haus im Tecklenburger Land nahe Osnabrück lag. Dort gab es übertellergroße Schinkenbrote mit Spiegeleiern drauf.

Als ich jünger war, fuhren wir ab und zu zum Essen dorthin. An den anderen Tischen saßen immer viele Gäste, tranken ihr Bier, aßen ihre Schinken- und Mettbrote. Wochenendausflügler, Geburtstagsrunden, Menschen mittleren oder älteren Semesters, Frauen mit kurzen bordeauxroten Haaren, Dauerwellen und auffallenden Ponysträhnen, Männer mit licht werdendem Kopfhaar, deren schwarz-graue, nach dem kalten Rauch verglühter HB-Zigaretten riechende Kunstlederjacken an der Garderobe am Eingang, direkt neben unseren bunten Nylon-Jacken hingen.

Wir durften Cola und Fanta bestellen. Auf der Karte gab es auch Kinderteller, mit kindertellergroßen Schinkenbroten mit und ohne Käse, Kartoffelkroketten aus kleinen Metallschälchen und geriffelte Pommes frites, dazu Saucieren randvoll mit Mayonnaise.

Im Garten standen eine große Rutsche, deren roter Lack abblätterte, ein schief gefahrenes Karussell und eine Schaukel. Die Rutsche mochte ich besonders gern, immer und immer wieder kletterte ich hinauf und ließ mich hinabgleiten. Die Spielgeräte ächzten und quietschten, meine Mutter nannte sie »alt« und »traurig«, für mich waren sie das Größte.

Diese Ausflüge in den Habichtswald waren Festtage für uns Kinder.

»Können wir nicht mal wieder in den Habichtswald fahren?«, fragte ich also eines Tages meinen Vater.

»Oh, ja bitte, in den Habichtswald!«, rief mein Bruder.

»Ja, Habichtswald!«, echote meine Schwester.

»Bitte! Bitte!«, bettelten wir alle drei, »wir zahlen auch von unserem Taschengeld dazu!«

»Das geht doch wegen Mamas Angst nicht«, antwortete mein Vater kurz.

Also machten wir Schinkenbrote zu Hause zum Abendessen. Brieten Spiegeleier, schnitten Brot, bestrichen die Scheiben mit Butter und belegten sie mit Schinken. Ich deckte den Tisch, mit Servietten und allem Drum und Dran.

»Oh, das sieht ja toll aus!«, lobte meine Mutter uns, und wir setzten uns alle zu Tisch, ja, sie auch ausnahmsweise – da war es fast so gut wie im Habichtswald.

Doch kaum hatte sie die ersten Bissen abgeschnitten, begann sie zu schaukeln und zu wippen. Sie kniff ihre Augen zusammen, während wir unsere Blicke auf die Teller richteten, damit wir nicht sahen, wie sie vom Stuhl fiel, mein Vater ihren Teller nahm und zum Couchtisch trug, wo sie weiteraß.

Das Sofa war zu diesem Zeitpunkt ihr Lebensmittelpunkt. Von dort aus operierte sie, versuchte zumindest in Sachen Koordination ein letztes Quäntchen Kontrolle und Unterstützung in den Familienalltag zu bringen.

Ein paar wenige Kleinigkeiten gaben ihr noch ein Gefühl von Sicherheit. Nur solange die richtige Teesorte (früher Assam, mittlerweile Darjeeling) morgens im Küchenschrank wartete, die richtigen Joghurts (Bio, mit wenig weißem Zuckeranteil), die richtigen Brötchen (nicht aus Teiglingen gebacken, bitte!) morgens auf dem Tisch standen, schien ihr Tag in zu bewältigende Bahnen zu geraten.

Andersherum konnten der falsche Tee, ein Joghurt mit wer-weiß-was-drin, eine zu weiche Matratze, weiße Bettwäsche oder auch ein Brötchen aus der Fabrik bereits die ersten Vorboten von Unsicherheit sein. Manchmal wurde sie darüber auch richtiggehend wütend.

Vom Sofa, auf dem Mutter ihr Essen einnahm, über den Frottee-Bademantel, den sie tagtäglich trug, zum Auto, dem einzigen Ort außer unserem Haus, an dem sie sich aufhalten konnte, umgab mich ihre Angst.

Immer noch kam einmal pro Woche Frau Brüggen und versuchte, meiner Mutter zu helfen. Einer dieser Therapiestunden entnahm meine Mutter eines Tages ein verhaltenspsychologisches Motto:

Ich bin nicht auf der Welt, um so zu sein, wie du mich haben willst.

Fortan bekamen wird das, vor allem mein Vater, wenn er mal da war, regelmäßig um die Ohren gepfeffert.

»Kannst du nicht versuchen, mal in den Gottesdienst mitzukommen?«

»Ich bin nicht auf der Welt, um so zu sein, wie du mich haben willst!«

»Warum kannst du nicht mehr mit uns einkaufen fahren?«

»Ich bin nicht auf der Welt, um so zu sein, wie du mich haben willst!«

Es waren naive Versuche, Grenzen in einem Alltag zu ziehen, in dem alle Schleusen aufgerissen waren und alle Bedürfnisse – ihre eigenen, unsere, die gesellschaftlichen Ansprüche – chaotisch ineinanderflossen.

Die Rollen innerhalb der Familie waren ausgehebelt, Eltern, Kinder, Schutzbefohlene, Erziehungsberechtigte, all diese Titel und die damit verbundenen Aufgaben lagen unaufgeteilt und halbherzig ausgefüllt vor uns. Wir forderten sie als Mutter, doch es gelang ihr nicht, zu liefern. Ihr Leben fiel aus den Angeln. Wie konnte sie, die zu Pflegende, Kranke, die sich ihrer mütterlichen Aufgaben nicht mehr gewachsen sah, die Bedürfnisse der erwachsenen Frau und die Ängste des inneren Kindes lokalisieren? Wo war die Zeit, der Raum, der Rückhalt?

Meine Mutter versuchte es trotzdem, nur leider schwand die familiäre Empathie für ihren Zustand durch die Dauer ihrer Krankheit. Wir stumpften ab.

Gleichzeitig kapselten wir uns immer weiter ab, auch uns überforderte das Draußen zunehmend: die anderen Menschen, die meiner Mutter zu nahe kommen könnten. Die engen Geschäftsräume, von denen wir wussten, dass sie darin nicht würde atmen können. Die Blicke, die auf ihr lasteten, wenn sie zu schaukeln begann. Und die auch wir spürten.

Gott, so hatte ich mein ganzes Leben lang gehört, hat alle Menschen lieb, solange sie nur an ihn glauben. Solange sie nach seinen Maßstäben lebten, würde er für sie sorgen:

»Von allen Seiten umgibst Du mich und hältst Deine Hand über mir«, zitierte meine Mutter immer aus Psalm 139, Vers 5.

Wenn *das* die Hand Gottes war, nützte sie überhaupt nichts. Die Hand, die sich um mich herum geschlossen hatte, schützte mich nicht. Sie laugte mich aus. Sie isolierte mich.

Was ich damals nicht verstand: Meine Mutter fühlte sich genauso wie ich, und es bereitete ihr genauso viel Scham wie mir. Mit der gleichen Beherztheit, mit der ich meine Mutter in den Jahren zuvor hatte pflegen und retten wollen, ging ich später, als ich älter wurde, auf Distanz und schließlich auf Kollisionskurs, aus Angst, dass ich genauso werden könnte wie sie.

»Du bist so eine große Hilfe«, flüsterte meine Mutter, wenn ich ihr ein Stück Obst ans Bett brachte und sie fragte, wie es ihr ginge. Doch ich sah ja, dass das nicht stimmte, dass ich viel zu wenig ausrichten konnte. Der Dämon ließ nicht ab, und er war überlegen. Meine Hilflosigkeit lähmte mich, lähmte uns alle und ließ mich nachts schweißgebadet aufwachen. Immer mit der bangen, da alles entscheidenden Frage: Was, wenn es meiner Mutter nie besser gehen würde?

Und dann gab es endlich einen Lichtblick.

SCHÄDLING

Es war Nacht, aus allen Zimmern drang das regelmäßige Atmen von Familienmitgliedern, meiner Schwester, meinem Bruder, in der Tiefschlafphase. Da mein Vater nicht da war – er arbeitete mittlerweile vier Tage in der Woche in Hamburg –, schlief meine Mutter allein im Ehebett, das sie zu diesem Zeitpunkt seit sechs Monaten fast durchgehend nicht verlassen hatte.

Ich stand vor unserem Geschirrschrank, griff nach der Flasche *Tranxillium* und drehte den Verschluss auf. 13 Jahre alt war ich damals. In diesem Alter kann man eine pharmazeutische Kindersicherung schon problemlos öffnen. Drücken und gleichzeitig drehen.

Ein Wattebausch schützte die ominösen Tabletten vor Schmutz und Licht. Vorsichtig nahm ich ihn heraus und legte ihn auf den Waschbeckenrand. Dann schüttete ich ein Dutzend Pillen in meine hohle Hand und betrachtete sie. Elf davon ließ ich wieder in die Flasche gleiten, und eine hielt ich zurück.

Die Kapsel war vielleicht einen Zentimeter lang, schmal, pinkweiß, mit einer kleinen schwarzen Nummer, die auf die weiße Seite gedruckt war. Man konnte sie leicht zwischen den Fingern zusammendrücken und fast ebenso leicht auseinanderziehen. Aus beiden Hälften rieselte weißes, salzähnliches Pulver ins Waschbecken.

Die kaputten Hüllen ließ ich in den Abfluss gleiten, dann schüttelte ich die nächste Kapsel heraus, griff nach meinem Zahnputzbecher, füllte ihn mit Leitungswasser und legte die Kapsel auf meine Zunge. Sie klebte darauf fest und schmeckte nach Plastik.

Vier Wochen zuvor hatte ich meine Mutter zu Dr. Büsching begleitet. Er war die Ultima Ratio auf ihrer Reise durch die Arzt-Instanzen. Der Besuch bei ihm war lange hinausgezögert worden, denn Dr. Büsching war Psychiater, und »Psychiater« stand für »Irrenarzt«.

Dr. Büsching hatte hinter einem Schreibtisch mit einer großen Glasplatte gesessen und, wie ich fand, eigentlich ganz normal gewirkt. Er stellte meiner Mutter eine Reihe von ganz nachvollziehbaren Fragen (»Wann haben Sie die ersten Anzeichen einer Veränderung bemerkt ...«), bei denen ich irgendwann abdriftete, hinein in das großformatige, abstrakte Ölgemälde, das hinter seinem Rücken hing.

Nach einer gefühlten Ewigkeit monotoner Kommunikation verschrieb er meiner Mutter ein Medikament, ein braunes Fläschchen, bis an den Rand gefüllt mit kleinen weißen und rosafarbenen Kapseln.

Die Familie versammelte sich am Wochenende um das Fläschchen und besah es andächtig. *Tranxillium.* In diesem Wort steckte nun plötzlich unsere Hoffnung auf eine Rückkehr in ein normaleres Leben. Der erste Silberstreif seit Jahren.

Nur wollte meine Mutter die verflixten Pillen einfach nicht nehmen.

»Das sind Psychopharmaka! Die machen süchtig!«, jammerte sie. »So etwas schlucke ich nicht. Davon wird es mir nicht besser gehen, davon werde ich einfach nur dösig im Kopf!«

Ich saß später bei ihr auf der Bettkante und hielt die

braune Flasche in beiden Händen. Es klang so verlockend. Ein Gegenmittel. Ich betrachtete das karierte Wollkostüm, das an der Kleiderschranktür im Schlafzimmer meiner Eltern hing. Mein Vater hatte es zur Änderungsschneiderei gebracht und drei Falten aus dem Rock nehmen lassen, damit meine abgemagerte Mutter wieder in ihr schickes Kostüm passte. Eine gute Idee, wie ich fand.

Ich umklammerte die Pillenflasche noch fester – die Lösung lag doch sprichwörtlich auf der Hand. Pille schlucken, Kostüm anziehen, und dann könnten wir zusammen ins Café Leysieffer zum Kaffeetrinken gehen. Dort wurde der Zucker in massiven Silbertöpfen serviert, die Kännchen waren aus feinstem Porzellan und der Kuchen von einer eleganten, gleichmäßigen Schokoladenschicht überzogen. Und bei uns zu Hause gab es, seit meine Mutter nicht mehr aus dem Bett kam, keine Eleganz mehr, sondern nur noch Pragmatisches: Butterkuchen, Saft, Tee.

Aber sie fürchtete sich vor den möglichen Nebenwirkungen oder, noch schlimmer, vor Abhängigkeit. Angeblich war irgendwer in unserem Bekanntenkreis süchtig danach geworden. Er oder sie habe sich zwar zunächst besser gefühlt, doch dann nur noch mit den Pillen leben können.

»Versuch's doch wenigstens mal«, sagte ich vorsichtig.

»Nein, die machen abhängig.«

Was könnte an abhängig denn schlimmer sein als das hier? Was »süchtig« oder »abhängig« eigentlich bedeutete, wusste ich damals nicht. Ich erinnerte mich nur an ein Plakat, das in der Familienberatungsstelle hing und vor einem »Suchtkreislauf« warnte. Ob der schlimmer war, als eine Mutter zu haben, die als solche nicht mehr funktioniert, war mir ein Riesenrätsel.

Jetzt im Nachhinein kann ich mir diese Phase, die Angst vor »Sucht«, besser erklären. Damals, Ende der achtziger Jahre, kam man erstmals auf die Idee, psychische Krankheiten wie Depressionen oder Angststörungen gezielt mit Medikamenten zu behandeln. Das Pharma-Unternehmen Pfizer brachte 1988 ein neues Präparat auf den amerikanischen Markt, das durch einen sogenannten selektiven Serotonin-Wiederaufnahme-Hemmer (SSRI) verhinderte, dass das Glückshormon Serotonin zu schnell wieder absorbiert wurde. Wodurch sich seine Wirkung verlängerte. Der Name des Präparats lautete *Prozac.*

In Deutschland wurde es später als *Fluctin* bekannt, zunächst aber wurde es gar nicht zugelassen, weil man seine Wirkung anzweifelte. Es wurde öffentlich über die starken und noch nicht langzeiterprobten Nebenwirkungen wie Schlaf- und Verdauungsstörungen, kurioserweise auch über erhöhte Selbstmordgefahr debattiert. Und natürlich wurde auch über das Suchtpotential diskutiert. Offenbar laut genug, dass auch meine Mutter in Panik geriet.

Mit gerade mal 13 wusste ich von dieser Debatte natürlich noch längst nichts. Ich wusste nur, dass sich bei uns zu Hause nichts änderte. So beschloss ich herauszufinden, was Dr. Büschings Medizin bewirkte. Ich wollte selbst die rosaweiße Kapsel schlucken, um meiner Mutter hinterher versichern zu können, dass man vor dem Präparat keine

Angst haben müsste, dass es, im Gegenteil, die Lösung für alle ihre und unsere Probleme bedeuten könnte.

So stand ich da in dieser Nacht, im dünnen Nachthemd, Auge in Auge mit dem Dämon, Showdown sozusagen. Und bekam es plötzlich selbst mit der Angst zu tun. Sie kroch mir den Rücken hoch und in den Kopf hinein. Sie flutete meine Gedanken. Mein Rachen wurde trocken, die fiese Pille klebte wie ein Schädling in meinem Mund, ich sah mich an dem blöden Ding ersticken, spuckte es aus und spülte es weg.

Hastig nahm ich die Flasche wieder an mich, drückte den Verschluss zu, tastete mich die Treppe hinunter in die Küche und beförderte die Flasche zurück in den Schrank.

Dann legte ich mich wieder ins Bett.

Und wusste: Das vermeintliche Wundermittel würde unbenutzt im unteren Fach des Geschirrschranks stehen, meine Mutter im Bett verharren.

Dass nun alles für immer so bleiben würde, diese Angst nahm ich mit in die Träume. *Sweet Dreams are made of this.*

Am nächsten Morgen wurde mir klar, dass ich mal wieder eine Chance verwirkt hatte, dass sie vielleicht endlich wieder wie vorher sein könnte: anwesend. Um mich nach der Schule zu empfangen, mir Hühnerfrikassee zu kochen, zu Verabredungen zu fahren, mit mir Torte im Café zu essen, in den Urlaub zu fahren. Einfach mir gegenüber am Tisch zu sitzen. Mich zu *sehen.*

All das würde nicht passieren. Und ich würde den anderen wieder nicht erklären können, was da bei uns zu Hause ablief. Wann es endlich vorbei wäre.

2

NICHT MEHR LIEBENSWERT SEIN.

UND NICHT MEHR LIEBEN

ANGST, SOFA, HAUS

Nachdem ich meine Chance nicht wahrgenommen hatte, meiner Mutter zu helfen, musste ich mich einem anderen Problem stellen: dem Alltag. Der ging nämlich einfach weiter. Nur war ich ja ein Kämpfer, der im Verborgenen in die Schlacht zieht. So musste ich tagsüber als ganz normaler Pre-Teen funktionieren.

Vielleicht wäre das sogar gut gegangen, hätte es nicht die anderen Menschen gegeben. Freunde und Klassenkameraden, die anfangs noch zu uns zu Besuch kamen. Und deren Mienen sich von irritiert bis peinlich berührt wandelten, wenn meine Mutter, neben uns auf dem Stuhl sitzend, plötzlich von einer Seite zur anderen schaukelte, ihr Blick in Schielen überging, sie sich an der Tischkante festklammerte. So, als würde sie irgendwo anders, in einer zweiten Version ihrer selbst, gegen Erdbeben und Tornados ankämpfen.

»Was hat sie eigentlich?«, wollte Lisa wissen, während wir in ihrem Zimmer unter ihrem Hochbett saßen. Lisas Vater war einer der Ärzte, zu denen ich meine Mutter begleitet hatte, der Neurologe, um genau zu sein. Er war es auch, der die Überweisung zu Doktor Büsching ausgestellt hatte. Dementsprechend war meine Mutter bereits Thema bei Lisa zu Hause. Sie war wirklich interessiert, und sie ließ nicht locker.

»Was ist mit deiner Mutter?«

»Sie ist halt krank«, murmelte ich.

»Was *genau* hat sie denn?«, fragte Lisa und kämmte ihrer Puppe, die »Miri« hieß, die Haare.

»Angst und Kreislaufbeschwerden.«

»Das ist doch keine Krankheit. Die sagen euch nur nicht, was wirklich los ist.«

Ich zuckte die Schultern, stand auf und drehte die Musik in Lisas Kassettenrekorder lauter. »Where's the Party?«, sang Madonna aus dem kleinen Mono-Lautsprecher, und ich sang laut mit, als handelte das alles von mir, dem normalsten Pre-Teenager der Welt.

People give me the business /
I'm not living in fear /
I'm just living in chaos /
Gotta get away from here /
Where's the party …

Normal. Ich hatte schon immer Angst gehabt, nicht dazuzugehören, ausgegrenzt oder angestarrt zu werden. Angst, Angst, Angst. Zum einen, weil es vielen Kindern und Teenagern so geht (heute weiß ich, dass laut einer Studie der National Institutes of Mental Health die Hälfte aller Angsterkrankungen im Alter von 14 Jahren beginnt). Zum anderen, weil es in meinem Fall so nahelag.

Meine Eltern und meine beiden älteren Geschwister sahen aus wie eine bilderbuchperfekte deutsche Kleinfamilie, so einig und ähnlich, wie es Familienmitglieder nur sein können. Mein Vater und mein Bruder hatten die Augenform meiner Großmutter väterlicherseits geerbt, auch die Haarstruktur, fein, dünn, hoher Ansatz. Meine Schwester hatte das gleiche Haar wie meine Mutter, dick, kräftig, beneidenswert. Ich war tagtäglich umgeben von milchweißer Blondheit.

In meiner Vorstellung sah ich aus wie meine Familie.

Wenn ich aber dann in den Spiegel schaute, erschreckte ich mich, denn das Mädchen darin hatte lange, gerade, pechschwarze Haare. Sandfarbene Haut. Mandelförmige Augen, die Iris so dunkelbraun, dass man die Pupille nur sah, wenn man sehr, sehr genau hinschaute.

War es ein Ganzkörperspiegel, blickte mich ein seltsames Wesen mit einem großen Kopf und einem schlaksigen Körper an. Außerdem hatte ich »eine Plattnase«. Daran zumindest erinnerte meine Schwester mich in regelmäßigen Abständen.

Aber: »Gott hat alle Kinder lieb, jedes Kind in jedem Land.« Sangen wir zumindest in der Sonntagsschule der freikirchlichen Gemeinde, der meine Familie angehörte.

Glaube ist der rote Faden, der sich durch die Stammbäume meiner Familie zieht. Meine beiden Eltern stammen aus Baptistenfamilien, sie selber hatten sich in den späten 50er Jahren auf einer baptistischen Freizeit für junge Erwachsene kennengelernt.

Baptismus ist eine evangelische Konfession, zu deren Praxis im Gegensatz zu Landeskirchen keine Kindertaufe, sondern eine sogenannte erwachsene Gläubigertaufe gehört. Bevor ein Erwachsener oder junger Erwachsener zur Taufe zugelassen wird, muss er vor der örtlichen Gemeinde ein Glaubensbekenntnis ablegen. Wenn die Gemeinde zustimmt, darf der Erwachsene sich taufen lassen und sich somit zu Jesus Christus bekennen.

Gott hält die Welt in seiner Hand, lernte ich früh. Die Kinder, die nicht sündigten, liebte er besonders. Für die anderen hatte er zumindest ein offenes Ohr. Ich dagegen schien irgendetwas falsch zu machen, ich betete und betete, doch er antwortete mir nie. Ich nahm an, dass der Wunsch, die eigene Schwester möge verschwinden, doch ein bisschen zu viel Sünde für ihn war.

In die Kirche musste ich trotzdem. Gottes Wege, lernte ich dort, sind unergründlich, manchmal muss man ihm durch die Dunkelheit folgen, um wieder ins Licht zu finden. Allerdings fühlte ich mich mit meiner Agenda wesentlich sicherer in der »Dunkelheit«. Und normal fühlte ich mich ohnehin nicht, auch ohne kranke Mutter.

Unsere Heimatstadt Osnabrück war kein Hinterwälderdorf, sondern eine ganz durchschnittliche deutsche Provinzstadt mit Universität. Kulturelle Vielfalt hatte sich dort in den achtziger Jahren aber noch kaum durchgesetzt. Damals lag der Ausländeranteil bei 4,5 Prozent. Türkische und griechische Gastarbeiter lebten im Stadtteil Schinkel (und blieben dort auch). Es gab ein chinesisches Restaurant, das wir aber kaum je frequentierten (»zu fremd«).

Weihnachten besuchten wir hin und wieder die Brüder und Schwestern aus afrikanischen Missionen in unserer Gemeinde, was den Sohn einer befreundeten Familie eines Tages dazu veranlasste, sich aus dem Fenster des Familienautos zu lehnen und quer über die Straße zu rufen: »Guck mal, die Neger!«

In der Sonntagsschule sangen wir Lieder, die so gingen: *»Rote, Gelbe, Schwarze, Braune, alle hat der Heiland lieb …«* Da fiel ich wohl in die gelbe Kategorie. Es hieß zwar auch immer wieder, Gott sei farbenblind, aber wenn er das ist, fragte ich mich, wieso machen dann alle so viel Trara um die Unterschiede? Und wo genau versteckten sich die anderen, die auch anders waren? Ich war nicht nur die einzige Asiatin in meiner Klasse, ich war die einzige auf meiner ganzen Schule.

Alle Menschen in unserem Umfeld hatten eine Meinung zu mir. Es gab die Jovialen (»Was deine Eltern für dich getan haben, ist größer, als du je verstehen kannst«). Die Feindlichen (»Süß ist sie ja, aber sich deswegen mit einem Ausländer einlassen …?«). Oder die politisch Korrekten (»Ihr seid eine tolle Regenbogenfamilie!«).

Was es nicht gab, war unter dem Radar verschwinden. Schon gar nicht mehr, als ich älter wurde.

Während meine Klassenkameraden ein Riesengewese um ihre Geburtstage, dann später um ihre Horoskope machten, blieb ich still. Ich konnte nichts sagen, weil ich meinen Geburtstag bis heute nicht kenne. In meinem Pass steht der 5. April 1977. Jedes Kind, das damals in Korea adoptiert wurde, brauchte zur Ausreise einen Pass und ein Geburtsdatum.

Wie genau der 5. April zustande kam, werde ich nie erfahren, geboren bin ich an dem Tag wahrscheinlich nicht. Zu allem Überfluss fiel er fast immer in die Osterferien. Will sagen: Der Nicht-Geburtstag war noch nicht mal für einen Kindergeburtstag gut.

Damals endete die Grundschule in Niedersachsen nach der vierten Klasse. Danach schlossen sich zwei Jahre »Orientierungsstufe« an, zwei Jahre an einer neuen Schule, auf der sich herauskristallisieren sollte, ob man schlau genug war für gesellschaftlichen Erfolg (Gymnasium), Mittelmaß (Realschule) oder zukünftiges Prekariat (Hauptschule).

Meine Eltern schickten mich auf eine konservative katholische Schule, während Lisa den linksliberalen öffentlichen Weg einschlug.

Ich freundete mich mit einem neuen Mädchen an. Als sie mich das erste Mal zu Hause besuchte, kam sie in mein Zimmer und sah meine Spielsachen: »Du spielst ja noch mit Puppen!«, lachte sie. Am nächsten Tag räumte ich alle meine Spielsachen weg.

Meine Mutter war entsetzt. Kopfschüttelnd stand sie, in ihrem blauen Schlafanzug und braunem Frottee-Bademantel bekleidet, im Türrahmen. Sie schaffte es damals aus dem Bett, an manchen Tagen sogar aus dem Haus und hinein ins Auto. Dann fuhr sie ziellos umher, denn vor dem Aussteigen hatte sie viel zu viel Angst. Immerhin bewegte sie sich wieder im Haus.

»Aber du spielst doch so gern!«, sagte sie.

»Nein, ich bin jetzt zu alt zum Spielen«, murmelte ich und packte die Sachen nur noch schneller weg, die Playmobiltiere, die kleinen roten Schulranzen meiner Puppen, in denen die noch kleineren Schulhefte und Zeugnisse steckten.

In Wahrheit riss jede Puppe, jedes Puppenbett, jedes Legohaus, jedes Kuscheltier, das ich in die Umzugskisten packte, eine kleine Schürfwunde in mein Herz, das brannte wie ein im Schotter aufgerissenes Knie.

Mehr noch als der Abschiedsschmerz von meinen geliebten Spielsachen quälte mich das Wissen, dass ich kein Kind mehr sein würde, sollte meine Mutter vielleicht doch irgendwann wieder aus ihrer Krankheit auftauchen. Nicht nur aus dem Bekochtwerden, dem Wäsche-gemacht-

Bekommen war ich herausgewachsen, sondern auch aus dem Spielalter.

Nur das Schaf versteckte ich hinter einem Kissen. Nachts holte ich es heraus, hielt es fest in meinem Arm und schlief darauf ein.

Lisa und ich trafen uns noch ein paar Mal, doch auch sie fand neue Freunde auf ihrer Schule, die Tage in der Woche reichten nie für eine Verabredung, es passte nicht mehr. Eines Tages stand ich im Bus auf dem Weg von der neuen Schule nach Hause. An der Haltestelle erblickte ich sie neben einer neuen Freundin, ins Gespräch vertieft. Ich stürzte wie der Blitz an die Bustür und klopfte dagegen: »Lisa!«, brüllte ich, »Lisa!« Ich klopfte und schrie.

Doch Lisa hörte mich nicht, sie drehte sich nicht einmal in meine Richtung.

Meine neuen Schulfreunde fragten nicht mehr nach meiner Mutter, wenn sie bei der Begrüßung seltsam hin und her wackelte. Aber ich sah ihre Blicke, die reichten mir. Es ging auch gar nicht mehr darum, ob sie komisch guckten, weil meine Mutter sich seltsam benahm oder deshalb, weil sie gerade ein pubertätsbedingter Hormoneinschuss getroffen hatte. Ich sah, was ich sehen wollte. Unverständnis.

Zumindest was ihre irritierten Gesichter betraf, blieb mir eine Möglichkeit. Ich würde sozial inkompatibel werden. Nicht etwa, weil ich zu Hause mit einer geisterhaften Angstkrankheit lebte, sondern aus eigenem Willen, sozusagen präventiv, bevor die blöden Fragen losgingen. Bevor ich einen Zustand erklären musste, den ich selbst nicht verstand.

Dies bedeutete: keine Freunde mehr einladen. Aus Angst, meine Mutter könnte einen Schwindelanfall bekommen und hinfallen. Auch weil es mir bei den Eltern meiner Schulfreundinnen, die ich hin und wieder besuchte, so normal vorkam.

Steffi zum Beispiel, in deren Zimmer ein a-ha-Plakat hing und mit der ich Platten hörte. Thorsten, der einen älteren Bruder namens Björn hatte, der mir seine Phil-Collins-CDs auf Kassette überspielte. Und Henrike, die ein eigenes Hallenbad im Haus hatte. Die Wasseroberfläche war mit kleinen, Pingpong-artigen Bällen überzogen, als Wärmeschutz. Dort übten wir mal einen ganzen Nachmittag lang Kopfsprung, weil ich vor dem Schwimmunterricht Angst hatte. Ich konnte zwar gut schwimmen, aber nicht springen und saß dann wie ein kleines Kind am Beckenrand und starrte ins Wasser, während alle anderen Schüler furchtlos wie Pinguine ins Wasser glitten.

Nach dem Nachmittag in Henrikes Pool traute ich mich auch. Danach ging ich angstfrei zum Schwimmunterricht.

Zu ganz seltenen Gelegenheiten holte mich abends meine Mutter ab. Manchmal stand sie schwankend in der Wohnung einer Schulkameradin, meistens wartete sie im Auto auf mich, so oder so, ich fühlte mich bloßgestellt und blamiert. Dabei hatte sie nichts anderes gemacht, als ihren ganzen Mut zusammengenommen, sich in ihre Kleidung, ihre Birkenstocksandalen gezwängt, die Jacke angezogen, den Schlüssel genommen und sich ins Auto gesetzt, damit ich zumindest ein Minimum an Normalität genießen konnte.

1990 wurde ich dreizehn. Der Mauerfall im Herbst 1989 bedeute auch für die Familie meines Vaters eine Zäsur, sie lebte größtenteils in der DDR, in Ostberlin und in Dresden. Viel wussten wir nicht über sie. Nur einmal hatten wir einen Besuch in Dresden gemacht, ansonsten kannten wir unsere Tanten, Onkel, Cousins und Cousinen in erster Linie von den gegenseitigen Weihnachtspaketen. Trotzdem zog es mich nach dem Fall der Mauer förmlich nach Berlin.

Mein Vater war überraschenderweise begeistert. Im Mai 1990 fuhren wie gemeinsam hin, und die vier darauffolgenden Tage fühlte sich mein Leben tatsächlich normal an. Wir gingen essen, besuchten ein Theaterstück, trafen uns mit seiner Cousine, einer Ostberliner Architektin, die aussah wie eine Existentialistin aus Paris, in schwarzen, eleganten Kleidern und mit tiefrotem Lippenstift. Wir wanderten über das Brachland des Potsdamer Platzes und schliefen in der Wohnung einer Architektin in Pankow, wo unter jeder Stufe und unter jedem Fenster ein Einbauschrank war, wie in einem Puppenhaus.

So konnte er also auch sein, der Alltag eines Teenagers: spaßig, aufregend, interessant.

Wir kauften ein Stück Mauer mit »Echtheitszertifikat« und fuhren die Orte meines Vaters ab. Die Wohnung, in der er mit seiner Familie im Stadtteil Lichterfelde aufgewachsen war. Das Kino in Schöneberg, wo er in den 50er und 60er Jahren Filme angeschaut hatte. Den Ku'damm, das KaDeWe mit seinen langen Rolltreppen: »Hierher bin ich immer ausgebüxt, wenn ich nicht in den Kindergarten wollte«, erzählte er. Mein hart arbeitender Vater war also mal ein kleiner Junge gewesen, der den Kindergarten geschwänzt hatte.

Auf dieser Reise sah ich ihn zum ersten Mal als Mensch und nicht als Ernährer, der, gestresst von der Arbeit, gebückt unter der Last des Hauskredits, von einer Baustelle zur nächsten hetzte.

Vielleicht gab es eine Chance, trotz Angst irgendwann normal zu leben, dachte ich damals.

Doch zu Hause war alles wieder beim Alten. Angst, Sofa, Haus.

Es wurde Sommer, da verbrachte meine Mutter Zeit im Freien und pflegte Staudenbeete, jätete das Unkraut in ihrem Steingarten. »Jedes Kind sollte mit einem Garten aufwachsen. Wirklich traurig, so eine Kindheit in einer Etagenwohnung. Und so kleine Vorgärten sind doch auch nichts. Schau mal, was ihr für einen großen, herrlichen Garten habt!«, erzählte sie mir, während sie in ihrem Bademantel auf der Terrasse saß.

Der Garten interessierte mich nicht im Geringsten. Ich wollte mehr von dem, was ich in Berlin gefühlt hatte – ich wollte Dinge erleben, Neues sehen, und vor allem eine funktionierende Familie.

KONTROLLE

Nach den Sommerferien kam ich auf ein katholisches Gymnasium. Dreizehn Jahre gab es mich nunmehr, zwölf davon in Osnabrück, und da stand ich also, auf dem Schulhof, und musterte die Abiturklassen. Wenn ich einmal so alt wie sie wäre, hätte ich es geschafft. Dann wäre ich endlich erwachsen und könnte meine Entscheidungen selbst treffen.

Ich konnte es kaum abwarten.

Meine Mutter hatte seit vier Jahren unser Grundstück nur noch verlassen, um uns zu Terminen und Verabredungen zu fahren und wieder abzuholen. Seit vier Jahren packten wir im Haushalt mit an, seit vier Jahren verkrochen wir uns nach der Schule in unseren Zimmern. Seit vier Jahren arbeitete unser Vater die meiste Zeit in Hamburg. Das Gymnasium bedeutete wieder einen Neuanfang, mit neuen Mitschülern und Eckpfeilern.

Jungs wurden täglich interessanter, da gab es Marcus, der bereits in der Grundschule in meine Klasse gegangen war und nun in der Parallelklasse wieder auftauchte – mit braunem Haar und blauen Augen und Interesse an »handlichen, netten blonden Mädchen«.

Es gab ältere Jungs, die Andreas, Sandor und Alex hießen und schelmisch die neuen, jungen Siebtklässlerinnen beäugten. Die Blicke dieser Jungs ertrug ich kaum, ich fühlte mich von ihnen wie ertappt. Denn eigentlich kam ich mir noch vor wie ein kleines Kind.

Ich bekam meine Tage, als ich das erste Mal bei einer neuen Schulfreundin zu Besuch war. Nachdem ich spürte, dass eine Flüssigkeit aus meinem Körper trat, flüchtete ich verzweifelt ins Bad. Dort saß ich und dachte: Was tun? Mit wem sprechen? Wie soll ich all das Blut unter Kontrolle bekommen?

Meine Mutter machte kein Geheimnis aus ihrer Periode, im Gegenteil, in unserem Abstellraum neben dem Bad lagerten paketweise Damenbinden, was mich eher abschreckte – aber sie hatte vergessen, mit mir über meine Periode zu sprechen. Ich hinterließ Blutflecken bei meiner Freundin auf der Küchenbank, schämte mich furchtbar und besuchte sie nie wieder.

Die anderen Mädchen in meiner Klasse bekamen Brustansätze und fingen an, BHs zu tragen. Mein Körper veränderte sich minimal. Nach der Schule ging ich in ein Kaufhaus, um selbst einen BH zu kaufen, doch die Verkäuferin lachte: »Das brauchst du doch nicht!«

Statt Saft tranken die Schüler jetzt in der Pause Ginger Ale und hingen nach der Schule in der Fußgängerzone herum. Manchmal ging ich mit, doch ich wusste nie, was ich sagen oder wie ich mich verhalten sollte.

Ich war nicht sonderlich groß und trug damals noch meine alten Kinderklamotten: gelber Anorak und bunte Sweatshirts, die meine Mutter mir noch gekauft oder per Versandhauskatalog bestellt hatte. Einmal gingen meine Schwester und ich zusammen in die Fußgängerzone und kauften in einem Laden, der passenderweise *Zero* hieß, ausgeblichene Jeans und Blusen. Besser als die Wendethermo-Hosen und gelben Kindersweatshirts in meinem Kleiderschrank.

Meine Schwester war ihrer knallbunten Sachen mindestens genauso überdrüssig wie ich meiner. Immerhin war sie noch älter als ich, sie hatte sogar schon einen Freund namens Jan. Wenn er zu Besuch kam, schlossen sie sich in ihrem Zimmer ein.

Eines Tages stand eine neue Mitschülerin in unserer Klasse. Wie ich trug sie noch überwiegend Kinderklamotten. So stellte sie sich vor: »Ich heiße Bettina, komme aus Bochum, spiele Geige und lese gern Bücher.« (Nichts zu Erotisches, wie ich bald herausfinden würde. »Ein fliehendes Pferd« und »Die Klavierspielerin« waren *ewwwww.*)

Bettina hatte kinnlange, verstrubbelte Haare, weiße Haut, Sommersprossen und ein freundliches Lachen. Ihr Vater war Direktor einer ortsansässigen Bank. Sie war wie ich noch zu sehr Mädchen und zu wenig Frau, um im allgemeinen Pubertätsaufruhr beachtet zu werden. Ihre Familie besaß eine Ferienwohnung auf Mallorca, was mir imponierte. Wir freundeten uns an.

Sie erzählte mir von einem Mädcheninternat in Montreux am Genfer See, das sie in den Sommerferien besuchen wollte, weil man dort »Etikette« und Französisch lernen konnte.

»Mama«, fragte ich eines Nachmittags, »darf ich mit Bettina nach Montreux ins Mädcheninternat?«

»Was? Das ist total affig«, antwortete meine Mutter.

»Klingt aber, als würde es Spaß machen«, antwortete ich.

»Das ist nichts für Leute wie uns.«

»Für was für Leute ist denn das was?«

»Reiche Leute.«

»Aber wir haben doch auch ein großes Haus? Sind wir nicht reich?«

»Nein, ich arbeite ja nicht.«

Ich überlebte den Rest der siebten Klasse.

Das Mädcheninternat in Montreux brachte anderen Mädchen Etikette bei.

Nach den Ferien hatten sich Bettinas Beine um gefühlt zehn Zentimeter gestreckt.

Sie ließ sich nun die Haare und den Pony wachsen, und bald kam unter dem Strubbelhaar ein Romy-Schneider-Gesicht mit hoher Stirn und verwunschenen Augen hervor. Es war, als habe sie im Laufe unserer kurzen Freundschaft etwas gesehen, das mir nicht aufgefallen war, was sie jedoch für immer verändert hatte.

Ihre neuerdings endlos langen Beine steckten mittlerweile in engen Hosen von Benetton, dazu trug sie rosafarbene Poloshirts von Lacoste.

Immer häufiger wurden wir von anderen Schülern umringt, die mich für gewöhnlich als Bettinas »Schatten« bezeichneten. Sie selber schien das alles nicht anzufechten, sie wollte mich *und* ihre neuen, bewundernden Freunde. Ich aber wusste nicht, wie ich mich verhalten sollte, wenn all die Sörens und Nicos und Svens um uns herumlungerten.

Ich zog mich zurück. Bettina war verletzt. Sie verstand nicht, warum ich mich nicht mehr mit ihr treffen wollte. Aber was hätte ich ihr sagen sollen? Wie hätte ich ihr erklären können, was ich selbst nicht verstand?

Danach wollte ich vor allem eines: verschwinden. Das war natürlich ein ziemlich törichter Programmpunkt für einen schulpflichtigen Osnabrücker Teenager. Wo sollte ich schon hin? Wir fuhren ja nicht einmal in die Ferien. Meine Mutter konnte seit ein paar Jahren nicht mehr richtig verreisen, und darüber hinaus interessierten mich mittlerweile Familienurlaube genauso wenig wie christliche Jugendfreizeiten.

Ich hatte nach den Ferien keine Urlaubsgeschichten mehr zu erzählen, war nicht im Sommer auf Mallorca oder nicht im Winter in Zermatt gewesen wie meine Schulkameraden, zumindest die, die jetzt Bettinas Freunde waren. Die andere Hälfte meiner Mitschüler lebte im Landkreis um Osnabrück und verbrachte die Freizeit in den dortigen Pfarrjugenden und auf Scheunenpartys. Beides machte mir Angst – war das die Angst, die meine Mutter spürte? Die, die in mir aufstieg, wenn ich in großen, miteinander vertrauten Gruppen stand und kein Wort rausbekam?

Immer wieder freundete ich mich mit Mitschülern an, immer wieder scheiterte ich am gleichen Punkt: Was sagen? Wohin mit meinen Händen? Warum sollten die dich mögen? Und was denken die, wenn die erst mal deine Mutter kennenlernen?

Dann zog ich mich zurück.

Wenn man genug Freunde vor den Kopf gestoßen hat, werden die Optionen rar. Theoretisch mangelte es mir nicht an sozialem Zuspruch, doch es gelang mir nicht, die Stimme in meinem Kopf auszuschalten: Ich bin die mit der verrückten Mutter. Ich bin nicht wie die anderen.

Ich fing an, von Verabredungen abzusehen. Stattdessen verbrachte ich viel Zeit alleine, in Buchläden, Bibliotheken, im *Record Corner* und in der Videothek. Dort suchte ich wie ausgehungert nach neuem Stoff, Büchern, Filmen, Musik.

Manchmal dachte ich in der Bücherei an Bettina und im *Record Corner* an Steffi, doch ich verdrängte diese Gedanken. Mit meinen Büchern, Filmen oder CDs (die Zukunft!) verkroch ich mich in meinem Bett oder im Bügelzimmer und verschlang Geschichten, bis mein Kopf fast platzte vor Charakteren, Melodramen und Handlungssträngen, die einen Anfang, eine Mitte und ein Ende, eben eine Logik hatten. Der Vorteil an meiner Situation: Ich war ungestört.

Fantasy-Drachen und Zwerge waren nicht mein Ding (und Jugendbücher wie »Harry Potter« oder »Die Tribute von Panem« waren noch nicht geschrieben). Also las ich Erwachsenenbücher, verstand nur die Hälfte und fand in ihren Mysterien einen neuen Reiz, einen Kick, das Versprechen, dass da draußen noch etwas anderes auf mich wartete.

Ich versank so tief in meiner eigenen Welt, dass es mir immer schwerer fiel, herauszuschauen oder, besser gesagt: herausschauen zu wollen. Ich mauerte mich mit den Gedanken, mit den fiktiven Leben anderer ein und vergaß mein eigenes, zumindest für eine Weile. Ich stand neben Max Frischs tragischer Ex-Ballerina Julika im Sanatorium und rauchte trotz ihrer Tuberkulose Zigaretten mit ihr. Zum Frühstück aß ich im gleißenden Sonnenlicht Pamplonas mit Jake aus Hemingways »Fiesta« weiche Spiegeleier. Wenn der Überlandbus, mit dem ich von der Schule nach Hause fuhr, mal wieder meine Haltestelle ignorierte und mich stattdessen mehrere Kilometer hinter der Stadtgrenze absetzte, wunderte ich mich mit Charles Dickens / Pip über die strengen Regeln und »Großen Erwartungen« der viktorianischen Gesellschaft.

Wenn ich dann nach Hause kam, saß meine Mutter im Bademantel auf dem Sofa und blickte mich traurig aus ihren erschöpften Augen im blassen Gesicht an.

»Wo warst du denn so lange?«

»Der Busfahrer hat wieder nicht angehalten.«

Wir wohnten an der letzten Haltestelle des Osnabrücker Busnetzes. Entweder ich nahm den Stadtbus bis zur Endhaltestelle oder den Überlandbus, dessen Route weiter bis in den Landkreis reichte. Der Überlandbus legte meinen Heimweg schneller zurück, weil er nur an den Haltestellen anhielt, wo entweder ein Fahrgast wartete oder einer im Bus die Haltetaste drückte. Dieses System feuerte zurück, wenn ich die Einzige war, die aussteigen wollte, und auch niemand an meiner Heimat-Haltestelle wartete, denn dann ignorierten die Busfahrer immer wieder mein Stopp-Knopf-Signal und ließen mich kommentarlos an der nächsten Bushaltestelle heraus. Im Niemandsland.

Meine Mutter hatte einmal mit zittriger Stimme bei den Stadtwerken angerufen, um sich zu beschweren, doch dort hatte man sie abgewimmelt – man könne nicht mehr rausfinden, wer den entsprechenden Bus gefahren hätte, und außerdem hätte ich wohl einfach vergessen, den Knopf zu drücken (hatte ich nicht!).

Nach anfänglicher Empörung nahm meine Mutter diese Vorfälle zur Kenntnis, traurig, weil es ihr nicht möglich war, wie die Stadtwerke ihr geraten hatten, dort vorzusprechen und so ihrer Beschwerde Nachdruck zu verleihen.

»Vielleicht kann Papa ja mal fragen, warum die Busfahrer nicht anhalten«, sagte ich und dachte an den Vater von der Berlinreise. Der schien mir wie einer, der sich kümmern würde. Nur hatte mein Alltagsvater keine Kapazitäten. »Papa hat keine Zeit dazu, er muss arbeiten«, antwortete meine Mutter, aber dann hatte sie doch eine gute Idee: »Wahrscheinlich ist es am besten, wenn du einfach nicht mehr mit dem Überlandbus fährst. Nimm das Fahrrad.«

»Fahrrad«, echote ich. Mit dem Fahrrad würde ich unabhängig sein. »Nur ist mein Fahrrad ein bisschen klein.« Meine Mutter überlegte und nickte. Und so kam ich, am darauffolgenden Wochenende, als mein Vater mal wieder zu Hause war, zu einem neuen Fahrrad, einem, das nicht mehr aussah wie ein Kinderrad. Es war ein schwarzes mit lila Streifen, die aussahen wie Graffiti.

Endlich konnte ich selbst bestimmen. Ich fuhr nie wieder mit dem Überlandbus.

Wenn ich mittags aus der Schule kam, ging ich meistens direkt die Treppe hoch, in Jessicas ehemaliges Zimmer, wo jetzt Bügeleisen und Videorekorder standen, und versank dort in anderen Welten. Mal raste ich mit »Thelma und Louise« durch den Grand Canyon, dann wieder schlenderte ich nachdenklich neben Ethan Hawke und Julie Delpy durch »Before Sunset« und glotzte schier endlos in Johnny Depps schwarzweißes Gesicht, während im Hintergrund Neil Youngs Gitarre klagte (»Dead Man«). Ich verschwand neben Bill Pullman auf dem »Lost Highway«. Und ich wurde high, in »Trainspotting«, »Pulp Fiction«, »Casino«.

Ich liebte Musik von Bands, in denen blasse, schluffig gekleidete Jungs mit schlechter Haltung laut Gitarre spielten. Die klagenden Smashing Pumpkins, die diffusen My Bloody Valentine, die arroganten Pavement, die abgeklärten R.E.M., die wütenden Nirvana – ihre Musik erfüllte die Stille in meinem Zimmer und schien das Chaos in meinem Kopf hörbar zu machen. Alles, was ich sah, las und hörte, zerlegte ich in beinahe molekulare Einzelteile. Ich schnitt Bilder aus, lernte Texte auswendig und rezitierte Popsongs wie Gedichte; eben doch ein ganz normaler, wenn auch leicht obsessiver Teenager. So hatte ich immer etwas zu tun. Ansonsten hätte ich mich ihm ja stellen müssen, dem bangen Gefühl, allein zu sein.

Was genau fühlt man eigentlich, wenn die Angst hochsteigt?, fragte ich mich immer wieder. Nachdem ich mich nicht getraut hatte, das Beruhigungsmedikament meiner Mutter einzunehmen, um zu erfahren, wie die kleine Pille die Angst verschwinden lässt, beschloss ich, mir nunmehr das Umgekehrte zu verordnen: Angst auf Knopfdruck.

Eines Tages schob ich ein verbotenes Band in den Videorekorder. »Das Schweigen der Lämmer« galt als doppelt beängstigend. Nicht nur sollte der Film nervenzerfetzend spannend sein, sondern auch tief verstörend, teuflisch, ein Psychothriller. Genau das Richtige für mich.

Die Geschichte um einen Transsexuellen, der sich aus abgezogener Frauenhaut eine neue Identität schneidern will, löste bei mir tatsächlich ein Unbehagen im Bauch und einen Adrenalinschub im Kopf aus. Das Böse, das von Hannibal Lector ausging, weckte meine Neugier, seine offene Grausamkeit ließ mich die Art Ekel fühlen, die andere seekrank macht.

Angst empfand ich beim Zuschauen keine. Nicht einmal mein Herz klopfte schneller als sonst. In dem Film ging es um den Abgrund, das Tiefe, Böse der menschlichen Seele. Das war nicht die Art Angst, mit der ich es zu Hause zu tun hatte. Es war nichts dabei, was mir und meiner Recherche nützte. Aber es machte Spaß, etwas zu tun, das nicht gestattet war. Etwas, das nichts mit den guten Werten meiner Familie zu tun hatte, denn die hatten uns schließlich nichts genutzt. All das Gepredige von Nächstenliebe und Toleranz hatte sich in den vergangenen Jahren als hohles Gequassel herausgestellt. Jesus hatte uns vergessen, schon vor Jahren.

Und nun fühlte es sich richtig an, die Hausregeln, die regelmäßig auf ihn zurückgeführt wurden, zu brechen.

»Ab 18« wurde fortan ein wichtiges Auswahlkriterium in der Videothek. Ich erinnere mich, wie ich im Bügelzimmer zu »True Romance« auf dem Teppich kauerte und Patricia Arquette in einer ziemlich ausgeglichenen Mischung aus Faszination und Ekel dabei zusah, wie sie mit schwer verprügeltem Gesicht einen Korkenzieher durch Christopher Walkens Fuß rammte. Dabei dachte ich nur: Wenn meine Mutter nicht krank wäre, wüsste ich jetzt auch nicht, dass man aus Liebe töten kann.

Fortan zogen mich Dinge, die anderen Angst machten, magisch an. Seit ich mit dem Fahrrad zur Schule fuhr, war ich nicht mehr auf den Bus um 7:43 Uhr angewiesen. Ich radelte einfach los, wie es mir in den Kram passte, und kam ständig zu spät. Es war mir egal, ich hatte keine Angst vor Konsequenzen. Unvorbereitet in Klassenarbeiten gehen. Zigaretten rauchen. Schnaps trinken. Tough talking. Auch ich wollte mir eine neue Identität schneidern.

Aber von Zigaretten auf Lunge rauchen wurde mir schlecht (von Schnaps auch, das Einkaufen trotz Verbots machte natürlich Spaß), miese Noten waren mir egal, und die unvermeidlichen Fragen danach, wo sie (die schlechten Noten) denn plötzlich herkamen, machten mich wütend.

Mein Verhalten, einsilbig werden, dicke Bücher lesen, unnützes Wissen über Bands und Filme ansammeln, all das mag auf die anderen seltsam gewirkt haben, ich aber profitierte letzten Endes davon. Ganz anders als von meiner nächsten Fluchtstufe.

Meine zwei Jahre ältere Schwester las regelmäßig *Für Sie* und *Brigitte*. In einer dieser Zeitschriften fiel mir ein Artikel über Essstörungen auf, einer damals noch fast unbekannten, aber immer häufiger auftretenden Krankheit, die junge Frauen in der Pubertät befiel.

Die Geschichte dazu klang faszinierend und reichte lang zurück. Schon 1689 hatte es ein englischer Arzt mit dem Fall einer 18-Jährigen zu tun, die willentlich das Essen verweigerte, weil Hungern ihre »geistige Leidenschaft« wurde.

1873, wie es weiter hieß, veröffentlichte Sir William Gull, einer der vier Leibärzte am Hof von Königin Victoria, eine Studie mit dem Titel *»Anorexia Nervosa (Apepsia Hysterica, Anorexia Hysterica)«*, in der er vier Fälle von Magersucht bei jungen Frauen beschrieb.

Keine zwei Jahrzehnte später verstarb Kaiserin Elisabeth von Österreich an den Folgen einer Stichwunde. Allerdings war es nicht der kleine Einstich der Feile des Attentäters Luigi Lucheni, der sie letztendlich tötete. Ihr Körper war von jahrelanger Magersucht so geschunden, dass er der Verletzung nichts mehr entgegensetzen konnte.

Auch mittelalterliche Heilige wie Catharina von Siena

oder die heilige Hedwig von Andechs hatten sich offenbar im exzessiven Fasten geübt, bis ins Himmelreich.

Ehrgeizige Frauen versuchten also seit Jahrhunderten, ihre eigenen Bedürfnisse mit Hilfe von Hungern unter Kontrolle zu bringen. Mit vierzehn wurde auch ich eine von ihnen.

Ein bisschen Erfahrung hatte ich bereits gesammelt. Das Essen hatte ich schon zwei Jahre zuvor einmal vollständig eingestellt. Auslöser war damals ein Jugendbuch – ein Geschenk meiner Mutter, das ihr die Auswahlliste zum Deutschen Jugendbuchpreis empfohlen hatte: »Bastian und das bunte Haus«.

Es erzählte die Geschichte des Titelhelden Bastian, der sich immer schlapp und müde fühlt, keine Lust mehr zum Spielen und seinen Freunden nichts mehr zu sagen hat. Auch schmeckt ihm das Essen nicht mehr, nicht einmal Nudeln mit Ketchup, seine Lieblingsspeise. Dafür trinkt er literweise Tee und Wasser.

Schließlich landet er im Kinderkrankenhaus (dem »bunten Haus«), wird dort mit Diabetes diagnostiziert, mit Insulin behandelt und findet vor allem ganz viele neue Freunde.

Er bekommt fünf Mal am Tag leckeres Essen und lernt sich selbst zu spritzen, schließlich geht es ihm wieder gut, mit seinen neuen Freunden, die wie er Diabetes haben, sich spritzen und gemeinsam ein Schicksal teilen. Seine Mama kümmert sich um ihn. Sie besucht ihn im Krankenhaus, schenkt ihm einen Gameboy, sitzt stundenlang an seinem Bett.

Happy End.

Ich erinnere mich genau an ein Gefühl der Erkenntnis nach dem Lesen: Das wäre die Lösung. Krank sein. Diabetes haben. Aufhören zu essen. Der Plan ging auf. Tatsächlich landete ich mit zwölf Jahren im Kinderkrankenhaus. Meine Mutter besuchte mich, so gut sie damals noch konnte, doch das Krankenhaus glich mitnichten dem im Buch. Die Ärzte waren kurz angebunden, die Schwestern überarbeitet und die meisten Kinder deutlich jünger als ich. Und natürlich hatte ich keinen Diabetes, alle Blutzuckertests fielen normal aus.

Eines Tages wurde ich zu einer Untersuchung gerufen. »Guten Tag«, sagte ein junger Mann zu mir, »ich bin Psychologe. Weißt du, was das ist?« *Nette Ärzte, die reden und niemandem helfen?,* dachte ich.

»Ja.«

»Aha«, sagte er interessiert, »woher weißt du das denn?«

»Eine Psychologin namens Frau Brüggen kam immer zu uns nach Hause.«

»Warum denn?«

»Weil meine Mutter Angst hat und das Haus nicht verlässt.«

»Aha«, sagte er wieder und machte sich eine Notiz auf seinen Spiralblock, der wackelte, während er schrieb, weil der Psychologe zu stark beim Schreiben aufdrückte. Er machte eine sehr lange Notiz. Dann schaute er von seinem Block auf.

»Hat sie immer noch Angst?«

»Ja. Es ist ein bisschen besser geworden, aber nicht so viel.«

»Und befindet sie sich in Behandlung?«

Gute Frage. Befand sie sich in Behandlung? Sie war einmal drei Wochen in einer Klinik gewesen. Sie las Bücher. Aber war sie in Behandlung? Was machte Dr. Büsching? War das Behandlung?

»Sie nimmt ihre Tabletten nicht«, hörte ich mich sagen. Das machte mich überraschend traurig. Meine Brust schmerzte und meine Augen brannten. Heulen? Jetzt? »Macht dich das traurig?«, fragte der Psychologe, nachdem sein Block wild unter seinem Kugelschreiber gewackelt hatte. Blöde Frage. Wer kämpfte denn gerade mit den Tränen?

»Ich möchte zurück in mein Zimmer!«, versuchte ich so standhaft und trotzig wie möglich zu sagen und schluckte.

»Seit wann ist sie krank?«, fragte er weiter.

»Weiß ich nicht mehr.«

Er machte noch eine Notiz und blickte mich dann lange an, so lange, bis ich wütend wurde.

»Darf ich jetzt gehen?«

»Ja«, antwortete er, »eine Frage noch: Willst du abnehmen?«

»Nein, wieso?«, fragte ich verwirrt zurück. Und das war ernst gemeint. Ich wollte nicht abnehmen, ich wollte krank sein. Dass das zusammenhing, wusste ich damals noch nicht.

»Wenn alles um Sie herum im Chaos verschwindet, wenn nichts mehr kontrollierbar erscheint, dann bleibt einem als letzter Strohhalm, das Essen zu kontrollieren«, würde mir Jahre später eine Therapeutin erklären, »es ist der letzte Versuch, ein Stück Kontrolle zu behalten.«

Plötzlich fielen mir die Osterhasen wieder ein, die auf

meinem Regal gestanden hatten wie Trophäen, während Jessica unkontrolliert alles in sich hineinstopfte, was ihr unterkam. Ich behielt die Kontrolle. Ich ließ mich nicht in ihr Chaos ziehen. Und ich hatte keine Angst.

Ich wollte nur raus aus dem Leben eines 14-jährigen Mädchens, dessen Mutter kein Rollenvorbild war, ebenso wenig ein Sparringspartner, an dem man sich rebellierend abarbeiten könnte. Sie war ein bemitleidenswertes, verstörtes Schattenwesen.

OMELETTE, BURRITO UND SUSHI

Dass Unterernährung einen nur noch trauriger macht, dass Bulimie einem die Zähne zerfrisst, all das weiß ich mittlerweile. Sechs Stück davon sollte ich noch an die Magensäure verlieren, die Füllungen löst und Zähne von innen aushöhlt. Im schlimmsten, weil offensichtlichsten Moment der Selbstverstümmelung zog ich mir mit Anfang zwanzig sogar eigenhändig ein wackeliges Stück Zahn aus dem Kiefer.

Doch damals, als ich bewusst anfing, Erbrechen herbeizuführen, hielt ich mich für mutig. Essen, das war was für Feiglinge.

Die Essstörungen wurden im Handumdrehen ein Teil von mir, nur dass ich das im entscheidenden Moment nicht verstand. Für meinen beschränkten Begriff ging der Plan einfach irrsinnig gut auf. Während alle die anderen

Mädchen kurvig wurden, sah ich aus wie ein grotesker Lolli, großer Kopf, schmaler Körper. Das fand ich auch noch gut so, denn wenn mir eines suspekt war, dann Jungs, die Männer wurden. Und sich für Kurven interessierten.

In den frühen neunziger Jahren hatte ich ironischerweise Glück: Der Zeitgeist war auf meiner Seite. Man musste nicht süß oder sexy oder sonst wie besonders aussehen, im Gegenteil, es gab Grunge und damit einen Einheitslook, in dem man wunderbar untergehen konnte.

Jungs kopierten die abgerissenen Jeans und Band-T-Shirts von Kurt Cobain. Mädchen plünderten die Kleiderschränke ihrer Großmütter. Für diesen Look musste ich noch nicht einmal bis nach Hamburg fahren, geschweige denn nach London. *Schrader Second Hand* in Osnabrück verkaufte solche Kleidung, für ein paar Mark pro Kilo.

»Wie siehst du denn aus?«, fragte meine Schwester, als ich eines Abends in einem grünen Oma-Kleid von *Schrader*, einer Herrenweste mit Nadelstreifen und Doc Martens zu Hause aufschlug.

Gute Frage. Wie sah ich eigentlich aus? *Wie jemand, dessen Mutter krank ist und dessen Vater kaum zu Hause ist. Wie jemand, der gerade erwachsen wird, obwohl er zu diesem Zeitpunkt schon seit Jahren Erwachsenen-Pflichten verrichtet hat. Wie jemand, der gerade etwas wunderlich wird und damit ziemlich gut zurechtkommt.*

»Das verstehst du doch nicht«, ließ ich sie wissen. Sie verdrehte die Augen. Das würde sie die ganzen nächsten Jahre tun.

In unserem ersten Leben hatte meine Mutter mir jeden

Morgen die Haare zu einem dicken Zopf geflochten. Seit sie das nicht mehr tat, schlug sie mir immer häufiger vor, die Haare abzuschneiden. Ich ging also eines Tages zu einem Friseur, der noch nie im Leben asiatische Haare geschnitten hatte.

»Oje, du Ärmste, was soll ich denn damit machen?«, rief er.

Tja. Abschneiden.

Glücklich war mit dem zotteligen Ergebnis vor allem meine Mutter, die sich ab sofort nicht mehr um meine Haare kümmern musste.

Tage später sah ich die schwedische Sängerin Nina Persson in einem Videoclip. Sie hatte ihre platinblonden kurzen Haare mit einer ganzen Packung kleiner Spängchen weggeklippt, saß in einer überlebensgroßen Teetasse und sang »Love me, love me, say that you love me«. Sie lächelte kein einziges Mal. Sie sprach zu mir, so skandinavisch, weißhäutig, noch blonder als meine Familie.

Da wusste ich: Ich sollte mir die Haare abschneiden und blondieren. Das war bei meiner Haarstruktur im Grunde unmöglich. Sowieso waren meine ultraglatten asiatischen Haare ein ziemliches Problem. Sie wollten einfach nichts anderes machen, als gerade herunterhängen. Nach jedem Versuch, etwas daran zu ändern, bemitleidete man mich (»jetzt auch noch färben!«), die so beliebte Henna-Paste bewirkte bei mir gar nichts und selbst eine Dauerwelle sorgte nur dafür, dass meine Haare bei regnerischem Wetter aussahen wie ein Pudelbaby.

Ich fand trotzdem einen Friseur, der sich bereit erklärte. Nach fünf Stunden Wasserstoffperoxid, Silberspülung und radikalem Schnitt hatte er das Wunder vollbracht. Ich war überglücklich. Selbst dann noch, als ich nach zwei, drei Haarwäschen aussah wie ein Wischmopp.

Ich hatte immer Angst davor gehabt, komisch aufzufallen, nicht zu sein wie die anderen, angestarrt zu werden. Zumindest gab es jetzt einen legitimen Grund dafür. Gut so, dachte ich. Je mehr Ärger, desto besser. Ärger war neu, Angst kannte ich ja schon in- und auswendig.

Für eine aufmerksamere Familie als meine hätte das Ganze wohl wie eine Bodysnatcher-Invasion ausgesehen. Ein fremdes Wesen hatte mich ausgetauscht, die brave, einfühlsame Miriam gegen ein verdrehtes, verbocktes Klappergestell in seltsamen Oma-Klamotten, mit ausgeblichenen Haaren. Aber ich erntete zu Hause nicht viel mehr als ein paar mitleidige Blicke. Letztendlich waren wir daheim alle mit uns selbst beschäftigt.

Mein erster Freund – Christian, der in der Orientierungsstufe den sechsten Jahrgang wiederholte und so in meiner Klasse landete – küsste mich mit vierzehn, im Kino. Leider hatte mir niemand – wer auch? – erzählt, dass ein Kuss zwischen Verknallten die Zunge involviert. Ich war so geschockt, dass ich ihn anschließend nur noch an öffentlichen, hell beleuchteten Orten treffen wollte.

Wenig später wollte er nicht mehr mein Freund sein, auch das war gut so, denn allein der Gedanke an ihn löste einen mir vorher unbekannten Schwall an Ekel- und Schamgefühlen in mir aus. Ich nahm alle Bilder, Briefe und sonstige Dinge, die mich an ihn erinnerten, knüllte sie zusammen und klebte so lange und so sorgfältig Paketklebeband drum herum, bis sein Erbe aussah wie ein monströser Kokon. Den versenkte ich auf dem Grund unserer Mülltonne. Und meines Bewusstseins.

Die Welten, die Abenteuer, die Jungs, die ich aus Büchern und Filmen liebte, würde ich in Osnabrück sowieso nicht finden.

Mit 15 hatte ich einiges, was ich mir vorgenommen hatte, geschafft. Ich wog nur noch 45 Kilo. Ich hatte kaum noch Freunde, man ließ mich weitgehend in Ruhe. Natürlich war ich schrecklich einsam, doch Einsamkeit ertrug ich besser als das Nicht-Dazugehören.

Ich kreiste nach wie vor um die Krankheit meiner Mutter. Allerdings war sie von etwas Unheimlichem, Unbestimmtem zu etwas geworden, gegen das ich mich stemmen wollte. Die Ängste meiner Mutter waren für mich zum Gegenentwurf von Leben geworden. Meine zunehmend fixe Idee: Ich müsste lernen, es mit jedweder Angst aufzunehmen. Mich der Angst geradezu anzubieten.

Ich phantasierte davon, jede Form von Sicherheitsnetz im Alltag aufzulösen. Das Haus, der Garten, der Kirchgang, die Brötchen vom Bäcker Läer in der Bierstraße.

Henrike – das Mädchen mit dem Schwimmbad (unsere Freundschaft war, wie man heute sagen würde, *on/off* und gerade eher *off*) – kam eines Tages weinend in die Schule, und egal wie unantastbar ich mich vor anderen präsentierte, Tränen brachen meine harte Schale innerhalb von Sekunden. Zumal das Mädel nicht als Heulsuse bekannt war.

»Was hast du denn?«, fragte ich.

»Meine Schwester ist weg«, schluchzte sie.

»Wie kann denn das sein?«

»Sie ist gestern Abend nach Johannisburg geflogen. Für die nächsten zwölf Monate. Wie soll ich denn jetzt ein ganzes Jahr ohne sie aushalten?«

Henrike hatte drei ältere Geschwister. Als Kind war sie nie allein, sondern immer mit diesen Geschwistern unterwegs gewesen. Zwei von denen waren bereits zum Studieren fortgegangen. Und die Letzte zog jetzt also nach Südafrika, und Henrike blieb ganz allein mit ihren Eltern in dem großen Haus zurück.

Ich nahm sie in den Arm und flüsterte ihr ins Ohr:

»Man lernt das, mit dem Alleinsein. Irgendwann kommt es einem ganz normal vor. Bis dahin können wir uns ja mal wieder treffen.«

Sie schniefte und nickte.

Tatsächlich trafen wir uns ein paar Mal. Nach ungefähr drei Monaten gewöhnte sie sich an ihr Schicksal, danach sahen wir uns nicht mehr. Traurig, aber kein Weltuntergang, schließlich schenkte mir diese Kurzfreundschaft eine Erkenntnis: Wer den Weg raus nimmt, kann auch zurück hinein, es gibt sogar eine Abkürzung. Man musste nur den richtigen Treck erwischen.

Ich beschloss, den Weg der Schwester meiner Kurzzeit-Freundin zu gehen und die verkorkste Familie, die allgegenwärtige Angstkrankheit meiner Mutter und die skeptischen Blicke der anderen hinter mir zu lassen. Ganz einfach so. Weit weg, in einem anderen Land, in einer fremden Sprache, an einem Ort, an dem ich all die zerschossenen und versprengten Einzelteile meines Teenager-Selbst ganz neu zusammensetzen, mich neu erfinden könnte.

Ich würde ausziehen, dachte ich, um mich dem Fürchten entgegenzuwerfen, wie der junge Mann in dem Brüder-Grimm-Märchen, der alles riskiert und einfach keine Angst empfindet. Wenn es keine Sicherheit gibt, dachte ich, gibt es auch keine Angst.

Ich schrieb einen Bewerbungstext, als hinge mein Leben davon ab – was es ja auch tat –, und bekam einen Platz als Austauschschülerin. Die nächsten Monate bestanden aus Vorbereitung und Grübeln (Was tun, wenn man nachts vor Heimweh einen Fressanfall bekommt – Kühlschrank erst leerfressen und danach gestehen?).

Meine Familie stellte sich als nett und unkompliziert heraus, es ging mir gut, ich fand Freunde an der Schule, an der 98 Prozent aller Schüle Afroamerikaner waren – ich war also endlich nicht mehr die Einzige, die nicht natürlich blond war.

Ich inszenierte eine ziemlich schlechte, aber unschuldige Version von Edward Albees »Zoogeschichte«, ging auf ein Promdate mit einem Jungen namens Reno St. Hill, der ein Jahr als Austauschschüler in Japan verbracht hatte und die Haare in einem Afro trug. Und ich fuhr alleine regelmäßig mit dem Bus von DC nach New York, wie einst von der Schule zu meinen Eltern nach Hause.

Meine Essstörungen besserten sich deutlich, verschwanden sogar fast, nur wenige Male schlich ich mich noch ins Bad und steckte mir den Finger in den Hals.

Nach drei Monaten fing ich an, auf Englisch zu träumen, auf Englisch zu denken, als wäre die fremde Sprache das Fundament eines neuen Ichs. Die Seite von mir, die ich mir erarbeitet hatte und die nichts mit meiner unbekannten koreanischen Herkunft oder der allgegenwärtigen Angst meiner Mutter zu tun hatte.

Entsprechend ehrgeizig wurde ich.

Nicht nur wollte ich so gut Englisch sprechen wie die meisten anderen Austauschschüler, sondern perfekt, wie die einheimischen Schüler. Ständig fürchtete ich, nicht überzeugend genug zu klingen, übte Aussprache und Slang-Wörter. Ich wollte nicht gefragt werden, woher ich kam und wie mein deutscher Akzent mit meinem koreanischen Gesicht zusammenpasste, ich wollte einfach nur *rein*passen.

Als ich nach meinem Highschool-Abschluss im Spätherbst nach Osnabrück zurückkehrte, hatte ich mich so weit von meiner Familie wegbewegt, dass ich nicht mehr in mein Zimmer, nicht mehr in unser Haus hineinpasste. Ich wollte nun Omelette, Burritos und Sushi essen, laute Musik hören und vor allem nach vorne schauen. Ich wollte meiner Mutter nicht mehr beim Schwanken zuschauen, ihr Geschwanke machte mich aggressiv, es war, als hätte ich durch die Distanz mein Mitgefühl für sie verloren.

Meinen Frust kompensierte ich schnell wieder in Fressanfällen und anschließendem Erbrechen. Einmal, als ich mit dem Kopf über der Toilette hing, ging die Badezimmertür auf und meine Schwester starrte mich an. Unsere Blicke trafen sich, ich sah das Entsetzen, aber auch die Geringschätzung in ihren Augen: Hier also entlud ich den Druck, den mein Immer-dagegen-Sein in mir aufstaute. Hier entlud ich die Angst, von der ich doch immer behauptete, es gäbe sie nicht! Sie hatte mich ertappt. Sie hatte mein Schwanken gesehen.

Nun war die Katze aus dem Sack.

»Du musst in Therapie!«, schimpfte meine Mutter.

»Das Scheißaustauschjahr!«, schimpfte mein Vater.

Ich musste wieder verschwinden, diesmal anders. Ich entsorgte alle meine Klamotten und reduzierte meine Garderobe auf schwarze Jeans, schwarze Oberteile und Springerstiefel. Ich ging nicht in Therapie. Und keiner zwang mich.

Meine Eltern fielen mir auf die Nerven, aber es war nicht mehr wie vor dem Jahr in Washington, es war nicht nur der Ehrgeiz, anders als sie sein zu wollen: Jetzt stießen sie mich ab. Es wäre einfacher für mich gewesen, wenn ich einen entscheidenden Teil des Erwachsenwerdens mitbedacht hätte: lernen, die Eltern als Menschen zu sehen.

DIE BÜRGER E. UND F. STEIN

Mein Vater kam 1949 in Wiesbaden zur Welt und wuchs in Westberlin auf. Er galt in der Familie als »Nachzügler« und als »Unfall«. Sein Vater war Gartenbauingenieur, seine Mutter Kinderpflegerin. Dem älteren Bruder gestatteten sie ein Studium, er wurde Gartenbauarchitekt, die Schwester machte eine Ausbildung zur Floristin.

Mein Vater, der schon als Junge davon geträumt hatte, Architektur an der Technischen Universität in Berlin zu studieren, musste nach dem Realschulabschluss eine

Maurerlehre machen, weil seine Eltern entschieden, dass kein Geld für eine Berufsausbildung des jüngsten Kindes mehr übrig war.

Mein Vater beugte sich, gab aber seinen Traum nicht auf. Ging trotzdem zur Abendschule und bestand dort das Fachabi. Im Anschluss daran studierte er an der Technischen Hochschule in Berlin und schloss mit einem Ingenieursdiplom ab. Ein zäher Mensch, mein Vater. Trotzdem fühlte er sich minderwertig denen gegenüber, die ein »richtiges« Studium absolviert hatten.

Vielleicht gerade deswegen legte er in den darauffolgenden Jahren eine ziemlich beachtliche Karriere hin. Er stieg vom Bauleiter bis zum Niederlassungsleiter einer großen Baufirma erst in Cloppenburg und dann in Hamburg auf. Seine Karriere bescherte uns das Leben, das meine Mutter sich gewünscht hatte – Haus, Auto, Garten –, dafür mussten wir auf seine Anwesenheit verzichten.

Mit fünfzig verlor er seinen Job und verfiel in Depression. Die Angst vor dem sozialen Abstieg saß ihm im Nacken, die selbsterfüllende Prophezeiung: Einer ohne Studium wird nix. Dass jemand, der sich vom Maurer zum Manager hochgearbeitet hatte, von einem Jobverlust nicht wirklich aus der Bahn geworfen wird, verstand mein Vater erst Jahre später, als er als selbständiger Gutachter und Bauleiter mehr Geld verdiente als je zuvor.

Meine Mutter wurde in Osnabrück als Tochter eines Gestütverwalters und einer Hausfrau geboren. Ihr älterer Bruder kam bei einem Autounfall ums Leben, sie hatte noch einen acht Jahre jüngeren Bruder.

Nach der Volksschule besuchte sie die Hauswirtschaftsschule. Dort lernte sie Kochen und Backen. Das handgeschriebene Rezeptbuch aus dieser Zeit benutzte sie, bis es buchstäblich auseinanderfiel. Als Kind liebte ich es, darin zu blättern, die säuberliche, einfache Handschrift mit blauem Füller, die vielen Tropfen, die Flecken, die auf die unzähligen Male hinwiesen, in denen die Rezepte zum Einsatz gekommen waren – jede Seite offenbarte ein Stück meiner Mutter.

Sie machte ihren Realschulabschluss, dann eine Lehre bei der Sparkasse und ging zur höheren Handelsschule. Und schließlich wurde sie Erzieherin.

Ihre Lebensträume drehten sich, anders als meine, nie um eine Karriere oder Selbstverwirklichung, sondern um eine Vorbereitung aufs Familienleben.

Ihre Selbstverwirklichung bestand hauptsächlich – wie meine – in der Abgrenzung von ihrer Mutter. Sie wollte »modern« sein. Bei ihrer Hochzeit verbat sie sich eine Aussteuertruhe voll weißer Bettwäsche und Tischdamast, sie wollte bunte Frottee-Bettwäsche und Tischläufer mit skandinavischen Drucken. Sie wollte Möbel von IKEA und Textiltapeten, sie wollte ihre Kinder nicht bestrafen, sondern lieb haben, sie wollte einen Beitrag leisten, mitgestalten und nicht still und schweigend ertragen, so wie sie die Generation ihrer Mutter wahrgenommen hatte.

Für uns, ihre Wunschkinder, stieg sie aus dem Arbeitsleben aus. Institutionen wie Kinderkrippe und Kinderhort nahmen damals in der Bundesrepublik vor allem Alleinerziehende oder sozial schlecht gestellte Mütter, die dazuverdienen mussten, in Anspruch. Wer es sich leisten konnte, blieb zu Hause. Ausnahmen bildeten nur

Ärztinnen, Lehrerinnen oder auch pflegende Akademikerinnen.

Als meine Mutter sich wieder bereit fühlte zu arbeiten, war sie Mitte vierzig und bereits latent angstkrank. Nicht gerade ideale Voraussetzungen für einen Neustart in der Arbeitswelt, zumal der Begriff *Home Office* damals noch keiner war.

Meine Eltern litten beide unter ihren Erinnerungen an die Nachkriegsjahre in Deutschland. Die Familie meines Vaters lebte 1949 in Wiesbaden in einer Gartenlaube. Wenn wir später unsere Teller nicht leeraßen oder Aufschnitt im Kühlschrank verdarb, wurde er wütend.

Meine Mutter machte sich manchmal lustig über die lebenslangen Folgen seines frühkindlichen Hungers. Ihrer Familie ging es während der »schlechten Zeit«, wie die Nachkriegsjahre bei uns zusammengefasst wurden, vergleichsweise gut. Zwar erzählte auch sie von Bier- und Milchsuppe, von Muckefuck und falschem Hasen, betonte aber regelmäßig, dass es bei ihr nie »Armeleuteessen« wie Graupen gegeben hätte.

Stattdessen hatte meine Oma (die später schweigend die Angstkrankheit und Depression ihrer Tochter in der Einliegerwohnung nebenan aussaß) Obst und Gemüse eingekocht, Marmelade aus Kräutern und Beeren gemacht und Säfte und Schnäpse gebraut.

Auch strickte und nähte sie warme und saubere Kleidung selbst. Verzierte die Schürze meiner Mutter mit mehreren Reihen bunter Kreuzstiche, ihre Mützen und Mäntel waren aus Wolle. Die meisten anderen Menschen hatten weniger Glück.

Der Winter 1946-1947 ging als »Hungerwinter« in die deutsche Geschichte ein – es war der erste in Frieden und der kälteste des 20. Jahrhunderts. Im Januar 1947 brach eine Rekordkältewelle über Mitteleuropa herein, die Lebensmittelversorgung kollabierte, in der Silvester-Ansprache rechtfertigte der katholische Kölner Erzbischof Joseph Kardinal Frings sogar Mundraub zum eigenen Überleben. Doch vor allem Heizmittel konnten nicht nachgeliefert werden. Menschen sprangen auf Kohlezüge auf, fällten Bäume, verbrannten ihr Hab und Gut – all das erzählte mir meine Oma.

Deutschland lag in Trümmern, es herrschte Wohnungsknappheit, Wohnungen wurden aufgeteilt und Öfen ohne Anzugschacht in Notwohnungen aufgestellt, die Rohre hingen einfach aus dem Fenster hinaus.

Was mein Opa in dieser Zeit machte, habe ich nie erfahren – das Gestüt verwalten, nehme ich an. Meine Oma erklärte mir auch, dass Lebensmittelmarken pro Familie verteilt und rationiert wurden, Genussmittel – wenn überhaupt, teuer auf dem Schwarzmarkt verkauft. Sie verließ sich nie auf die Rationen, sondern sorgte eben lieber selbst vor. Was trieb sie an? Wovor fürchtete sie sich?

Solange ich denken kann, hing die letzte Strophe des Bonhoeffer-Gedichts »Von guten Mächten« in der Wohnung meiner Oma:

Von guten Mächten wunderbar geborgen
erwarten wir getrost, was kommen mag.
Gott ist bei uns am Abend und am Morgen
und ganz gewiss an jedem neuen Tag.

Als Bonhoeffer, der bekanntlich am 9. April 1945, einen

Monat vor Kriegsende, in Berlin hingerichtet wurde, diese Zeilen verfasste, war meine Mutter fast ein Jahr alt. Sie stellte sich später, als sie krank wurde, immer wieder vor, dass die guten Mächte, die Bonhoeffer im Angesicht des Todes umgaben, auch sie im Angesicht der Angst schützten. Nur taten sie es nicht. Es war das falsche Mantra.

Im Januar 1949 war meine Mutter gerade fünf Jahre alt geworden. Sie lebte damals mit ihrer Familie auf einem Pferdegestüt am Stadtrand von Osnabrück. Es war der letzte Winter des Wiederaufbaus in Deutschland. Ein gutes halbes Jahr später würde in Bonn der erste deutsche Bundestag zusammenkommen, um die politische und wirtschaftliche Ordnung wiederherzustellen.

Meine Mutter erlebte ihren Vater als autoritär, sogar gewalttätig.

Er vertrat die Meinung, dass der »Wille des Kindes gebrochen werden muss«. Die Kinder werden hart gemaßregelt: im dunklen Keller eingeschlossen und mit Gürteln und Stöcken verprügelt.

Meine Mutter besuchte tagsüber einen Kindergarten, der in einem ehemaligen Unterstand untergebracht war. Brennholz war auch dort knapp. Die Kinder behielten ihre Kleidung an und kauerten um einen alten schwarzen Holzofen, der in der Mitte des Raums etwas Wärme verbreiten sollte.

Es war ein zylinderförmiger Holzofen, in dem unten ein offenes Feuer brannte und dessen schlanker Körper die Wärme nur über wenige Meter verteilen konnte.

Der Rauch wurde durch ein langes Ofenrohr in einen kleinen Schornstein in die klare Winterluft geleitet.

Trotz Mantel, Mütze und Handschuhen fror meine Mutter im Kindergarten. Sie stand auf, zog ihre Handschuhe aus und machte ein paar Schritte auf den Ofen zu. Sie hielt ihre Finger hoch und spürte die Wärme vom Zylinder an ihren Handinnenflächen. Fühlte, wie sie durch ihre Hände in ihre Arme zog und die von der Kälte harten und verkrampften Muskeln lockerte. Sie machte noch einen Schritt auf den Ofen zu. Ihr Bauch fühlte sich wohliger an, Gesicht, die Nase, die Beinchen, alles entspannte sich, die Sehnsucht nach mehr Wärme wurde so stark, dass sie beide Handflächen auf den Ofen legte.

Die Grenze zwischen angenehm und zu heiß liegt etwa bei 45 Grad Celsius. Ab 52 Grad schmilzt menschliche Haut, wie Butter in der Pfanne. Die Handinnenflächen eines fünfjährigen Kindes brauchen nur wenige Sekunden, um zu verbrennen. Wenn man sich heute einen Kaminofen einbaut, muss man ein Handbuch voller Sicherheitsregeln zur Brandschutzordnung einhalten – da ist alles geregelt, von den Bodenplatten (aus nicht brennbarem Material), der Höchsttemperatur unter dem Ofen (nicht über 85 Grad Celsius) und Sicherheitsabständen von brennbarem Material von mindestens 30 cm seitlich und mindestens 50 cm nach vorne.

Aber damals ging es ums Überleben, ums Nicht-Erfrieren.

Meine Mutter klebte mit beiden Handflächen am Ofen fest. Sie muss geschrien haben wie am Spieß. Verständnis gab es damals keines. Nur Schelte von der Erzieherin.

Erich Fromm hat in seinem Buch »Furcht vor der Freiheit« beschrieben, wie ängstliche Menschen in Hörigkeitssysteme geraten, weil sie scheinbare Sicherheit bieten. Im Falle meiner Mutter hatte sich die Angst nach diesem Erlebnis so tief mit ihrem Charakter verbunden, dass sie seit ihrer Kindergartenzeit nicht nur Angst vor neuen Verbrennungen, sondern später auch Angst vor einer möglichen Genesung entwickelte.

Ich erinnere mich, dass es immer mal wieder Gespräche zu Hause über chirurgische Eingriffe zur Normalisierung ihrer verbrannten Handinnenflächen gab. Haut von den Oberschenkeln sollte transplantiert werden. Doch nichts geschah. Ich erinnere mich nicht, warum es nicht geschah. Wahrscheinlich, weil meine Mutter Angst vor der Operation hatte.

Die Handflächen meiner Mutter sahen also ihr Leben lang aus wie die Haut von Freddie Krueger.

Wäre ich Schauspielerin und müsste mir eine ihrer Geschichten zurechtlegen, die mich sofort zum Weinen bringen, würde ich trotzdem die andere auswählen, die sie immer wieder erzählte. Nämlich diese:

Als ich ein Kind war, hatte ich kein eigenes Spielzeug. Wir hatten zu dritt nur einen Teddy, der niemandem und allen gehörte. Es gab immer nur Streit um diesen Teddy. Ich habe ihn so sehr gehasst, dass ich eines Tages eine Schere genommen und ihm das gesamte Fell abgeschnitten habe. Danach konnte keiner mehr mit ihm kuscheln …

Früher fragte ich mich immer wieder: Hatte sich meine Mutter irgendwann unbekümmert, vielleicht sogar sorgenfrei gefühlt? Unbekümmert, während sie im Kinderheim arbeitete und sich regelmäßig mit meinem Vater traf? Als sie ihre Babys bekam? Wann genau begannen die tiefen Ängste, sich zu manifestieren? Was hatte Jessica in ihr bewegt, dass sie ausbrachen?

Heute weiß ich: Die Verbrennung, der Unfall, die schlechte Zeit, ihre abwesende Mutter, die den fatalen Unfall nicht verhindern konnte, all diese Erinnerungen schlummerten in ihr. Wurden zu verdrängten Traumata. Und warteten auf ein Comeback, getriggert von ganz normalen Alltagssorgen.

WÜTENDE FRAUEN IN WELTSTÄDTEN

Als 16-, 17-Jährige gelang es mir nur selten, einen klaren, nüchternen Blick auf meine »verrückte Mutter« als Frau zu werfen. Für einige Minuten konnte ich dann meine eigene Befindlichkeit vergessen und in ihrer Biografie so unendlich viel Traurigkeit und Lieblosigkeit sehen, Sehnsucht nach Liebe, eingesponnen in Feuer und Gewalt.

Aber in dieser letzten Phase meiner Kindheit ging es mir um ganz andere Fragen, das zentrale Thema und das letzte Schlachtfeld, auf dem das Lebensverständnis meiner Eltern und meiner langsam reifenden eigenen Haltung aufeinanderprallten.

Die Standpunkte hätten konträrer nicht sein können. Meine Eltern, in Adenauer'scher Tradition, stellten die wirtschaftliche Sicherheit vor das emotionale Glück.

Um diese vorsorglich für mich zu sichern, erklärten sie sich bereit, Teile einer soliden Ausbildung zu finanzieren.

Nichts Exotisches – keine Filmschulen, Schauspielschulen und Kunstschulen.

Sie übernahmen damit die ihnen zugeteilte Verantwortung für Schutzbefohlene. Allerdings nur in ihrer Struktur. Institutionen wie Schule, Unis, Musiklehrer hatten sie zu füllen, es war, als wüssten meine Eltern selbst nicht so genau, was sie uns Kindern mit auf den Weg geben sollten.

Interessanterweise hatten meine Eltern nie praktisch darüber nachgedacht, wie mein Leben im Einzelnen aussehen würde. Ihr elterlicher Auftrag, ihre Angst vor dem sozialen Abstieg der Nachkommen – beides endete, so schien es, nach dem Studienabschluss.

Ich war grundsätzlich anderer Meinung als sie. Nicht sicher und karriereorientiert sollte man nach dem Abi denken, sondern selbstverwirklichend. Fand ich. Meine Eltern waren entsetzt. Wie die überwältigende Zahl deutscher Nachkriegsbürger glaubten auch sie, dass ein abgeschlossenes Studium, vorzugsweise in einem konservativen Fach wie Medizin oder Jura, einen festen Job und demnach ein dauerhaft festes Einkommen, finanzielle Sicherheit und gesellschaftliche Anerkennung garantierte.

Ich wiederum hatte nie Angst davor, später mal nicht den richtigen Beruf auszuüben, ich hatte immer schon an Dingen gearbeitet, die ich liebte. Nur waren es genau die Themen, die meine Eltern als nicht satisfaktionsfähig abtaten. Gesichte und Germanistik? Film? Theaterwissenschaften? Dramatisches Schreiben?

Nichts passte mehr, ihr Leben, ihre Ansichten fühlten sich angestaubt, hinterwäldlerisch und spießig an. Alles, was sie machten, war in meinen Augen falsch. Ich kam mir vor wie ein Puzzleteil, das nicht mehr ins Gesamtbild passt. Wahrscheinlich die normalste Emotion meiner gesamten Kindheitskarriere.

Geld schien meinen Eltern so wichtig. Also beschloss ich, es für mich nicht wichtig werden zu lassen. Gesellschaftliche Anerkennung war mir hingegen überhaupt nicht egal. Nur wollte ich eine andere als die, die meinen Eltern vorschwebte. Ein großes Haus oder ein dickes Auto hätten mir nicht gleichgültiger sein können. Mir ging es um den großen Beweis, dass ich mir eine Existenzberechtigung mit meinen Themen, in meinem Feld erarbeiten konnte, denn tief in mir fühlte ich mich schuldig. Genauso schuldig wie damals, als Jessica unsere Familie verließ.

Durch mein Aus-der-Reihe-Tanzen, durch mein Streben nach Abgrenzung und Furchtlosigkeit hatte ich mit der Rolle der guten Tochter gebrochen. Was würde ich jetzt werden? Wieder das Findelkind? So fühlte ich mich jedenfalls, tief in mir drinnen, verloren, ausgesetzt und weggeschickt.

Vor meinen Eltern gab ich die Toughe: »Wieso glaubt ihr eigentlich, dass ein Studium ein Garantieschein ist?«

Ihre Antwort: »Weil das immer so war.«

Sie hatten recht, aber auch wieder nicht.

Heute weiß ich: Ihre Sorge war begründet, aber sie hatten das falsche Rezept. Sicherheit gibt es nicht. Und ihr Sicherheitsdenken provozierte mich. In genau den Jahren, in denen es darum ging, »meine sichere Zukunft zu planen« (als ob das kein Paradoxon sei), dachte ich: Ich muss ihnen um jeden Preis beweisen, dass ihr Lebensentwurf mich nicht betrifft.

Ich nahm mir vor, mich in ein strukturfreies Erwachsenenleben hineinzubewegen, voller Verweigerung. In einer Absteige zu wohnen, eine Chips-, Cola-Light- und Wodka-Diät zu kultivieren, keinen Führerschein zu machen, mein nicht mal begonnenes Studium nach ein paar Semestern wieder zu schmeißen und eine Routine zu etablieren, die im Winter auch mal wochenlang ohne Tageslicht auskam. Je weniger ich darüber wusste, wie der nächste Tag anfangen würde – desto besser.

Ich war besessen von der Auflösung der Angst-Strukturen meiner Eltern, es nahm mich so sehr ein, dass diese Mission die Essstörungen überlagerte. Ich war so beschäftigt, mich als *Tough Cookie* neu zu erfinden, dass ich selbst für meine Bulimie keine Zeit mehr hatte.

Vielleicht lag es auch einfach daran, dass ich nach meiner Rückkehr aus den USA wie von selbst Gewicht verlor. Ich fühlte mich dünn genug. Ich musste nicht mehr daran arbeiten. Wenn man sich vollkommen konträr benimmt, erreicht einen die Angst nicht, Lerchen und Eulen, Daywalker, Nightstalker, Augen zu und durch.

Und dann überraschten meine Eltern mich. Irgendwas drang zu ihnen durch. Jedenfalls ließen sie mich nach Monaten des Dauerstreits ein weiteres Mal gehen. Ich durfte mit 17 ausziehen.

Ich suchte mir zwei Jobs, in einem Café und in einer Kneipe. Mit dem Kneipenjob kam ich zu einem WG-Zimmer in Osnabrück, für wenig Geld, in der Wohnung über dem Laden. Mein Vater fuhr mein Bett, meinen Schreibtisch und meinen Kleiderschrank durch die Stadt in die neue Wohnung, meine Schwester half mir dabei, eine Wand nachtblau und die andere silbermetallic zu streichen – elf Quadratmeter Selbstbestimmung.

Von meinem neuen Zuhause aus radelte ich in zehn Minuten zur Schule und fühlte mich endlich unabhängig. Wenn ich im Waschsalon um die Ecke saß und meiner Wäsche zusah, wie sie sich im Schaumbad drehte, während ich im Geschichtsbuch über die Punischen Kriege las, war ich wie befreit. Zwar konnte ich nicht auf Elefanten über die Alpen reiten, aber ich führte meinen eigenen Feldzug, und gerade sah es so aus, als hätte ich die Abgründe und Ansprüche meiner Eltern ein gutes Stück hinter mir gelassen.

Wie viel Freiheit sie mir mit meinem Austauschjahr und der frühen eigenen Wohnung auch gestattet hatten, in Sachen Werdegang gab es nach wie vor keine Alternativen, sie rückten von ihrer starren Haltung nicht ab: Würde ich studieren und später einen Hochschulabschluss vorweisen können, würde ich einen guten Job bekommen. So lief es in der Bundesrepublik, so würde es weitergehen. Ohne Studium kein Job, ohne Job kein lebenswertes Leben.

Sie waren Eltern, sie sorgten sich um mich. Sie hatten riesige Angst, dass ich mein Leben an Trotz entzünden würde und dass all die »guten Voraussetzungen«, die sie in mir sahen, in Flammen aufgehen würden. Genau das wollte wiederum ich.

Mir bedeutete nicht mal das Abitur irgendwas, ich hatte weder Furcht davor, nicht gut abzuschneiden, noch davor, es nicht zu bestehen. In dem Leben, nach dem ich mich sehnte, interessierte man sich nicht für Notendurchschnitte, schon gar nicht für die in meinen Augen kleinen Ängste meiner Klassenkameraden. Ich verachtete sie für ihre Kleingeistigkeit, ich sah keinen Sinn im Ehrgeiz nach Auswendiglernen von Geschichtszahlen oder der theoretischen Beschaffenheit von Literatur.

Die Wichtigkeit bestand für mich nur in den Zusammenhängen, nicht in den Details. Die Angst davor, eine gewisse Punktzahl in einem wichtigen Fach nicht zu erreichen, erinnerte mich an die Besessenheit meiner Mutter von Joghurt und Biobrötchen.

Dabei sorgten doch nicht die Brötchen für Sicherheit, nur das eigene Bewusstsein konnte das.

Meine Mitschüler dachten, sie könnten ihre Angst mit einer fundierten Vorbereitung und guten Noten kontrollieren, nur um nach der mehr oder weniger gut bestandenen Reifeprüfung in die Gesellschaft der Angst einzusteigen. Warum? Nur weil sie es von ihren Eltern so eingebläut gekriegt hatten.

Aus

- Angst, nicht den richtigen Studienplatz zu bekommen;
- Angst, im Studium zu versagen;
- Angst, nicht gut genug abzuschließen;
- Angst, nicht den richtigen Partner zu finden;
- Angst, den richtigen Partner nicht halten zu können;
- Angst, den falschen Partner zu halten, während der richtige sich irgendwo da draußen versteckt hält und wartet;
- Angst, zu wenig Spaß zu haben;
- Angst, zu viel Spaß und zu wenig Ehrgeiz zu haben;
- Angst, es einfach nicht hinzukriegen;
- Angst, nach dem Abschluss keinen Job zu finden und wenn ja, dann nur einen x-beliebigen Blödsinnsjob mit schlechtem Gehalt und Zwei-Jahres-Vertrag;

- Angst davor, dass man das Fleischessen eben nicht aufgeben kann und mit der heimlich bei Lidl gekauften Wurst die Erderwärmung vorantreibt;
- Angst davor, dass die billige Waschmaschine aus Korea ausläuft und die italienische Spülmaschine nicht richtig saubermacht;
- Angst davor, dass besagter x-beliebige Blödsinnsjob nicht genug bezahlt, um eine Familie zu gründen;
- Angst davor, aus dem x-beliebigen Blödsinnsjob gefeuert zu werden und einen noch beliebigeren Blödsinnsjob annehmen zu müssen.

Ich spottete über diese Ängste meiner Mitschüler, ihre vollkommen normale Irritation mit meiner Indifferenz all diesen Ängsten gegenüber, mit einem zur Schau gestellten Mut: Seht her, was ich mich traue! Ich ziehe aus! Ich lerne nicht fürs Abi! Ich komme zu spät! Ich bestehe trotzdem! Ich brauche nix und niemanden! *I just don't give a shit.*

War es verwunderlich, dass mich kaum noch jemand mochte?

Es war mir egal, denn ich sah die Schule als ein notwendiges Übel auf der Durchreise. Ich versuchte, es mir erträglich zu machen: half in der Dramaturgie des Stadttheaters aus, schrieb Theaterstücke und Kurzgeschichten über wütende Frauen in Weltstädten. Am Wochenende ging ich feiern, als gäbe es kein Morgen. Ich dröhnte mir den Kopf zu und tanzte mir, wenn ich so benebelt war, dass mir die prüfenden Blicke der anderen egal waren, die Wut aus dem Körper.

Am Morgen meiner Geschichts-Abiturklausur rief mich mein Freund Sebastian aus der Telefonzelle im Gymnasium an. Ich war noch im Tiefschlaf.

Mein Telefon stand im Flur meiner grenzverwahrlosten WG. Ich tastete mich hin, mein Kopf schmerzte, ich hatte am Abend zu lange gearbeitet und mein Unterbewusstsein hielt noch an einem verwaschenen Traum fest.

»Miriam, wir schreiben heute Geschichte«, hörte ich seine besorgte Stimme am anderen Ende der Leitung. Ich schaute auf die Uhr – die Prüfung lief seit zehn Minuten.

»Ach Mist!«, murmelte ich, legte auf und lehnte mich an die Wand im Flur.

Die verbleibenden Wochen zogen sich endlos hin, ich sehnte mich nach dem Ende der Schulzeit. Am Schluss machte ich jeden Pflasterstein, jede Straßenlaterne und jeden Bürger der Stadt für mein Elend verantwortlich. Ich positionierte mich pathetisch gegen alle und dachte dabei noch, ich wäre ihnen allen einen Schritt voraus.

Und eines schönen Tages trat ich mit meinen blondierten Haaren auf die Bühne unserer Aula und nahm mein Abiturzeugnis entgegen.

3

HINAUSGEHEN. HINABSTEIGEN.

WIEDER AUFTAUCHEN

IN LONDON

Kann man das Selbst der ersten fünfzehn Lebensjahre einfach in eine Kiste packen, wie die Erinnerungsfotos an den peinlichen ersten Freund? Konnte ich den Teil von mir, der für meine kranke Mutter Tabletten probieren wollte, zurücklassen, während die neue, schicke Inkarnation in die Welt hinauszog?

Nach dem Abitur wollte ich sofort zurück in die englischsprachige Welt. Aus der Osnabrück-Miriam sollte eine Ostküsten-Miriam werden, eine, die in New York gelebt hatte und die nicht unter dem Einfluss der Angst ihrer Mutter stand.

Ich trennte dieses Ich von meinem deutsch sprechenden Findelkind ab und schickte Miriam-von-Welt nach London.

Ich war euphorisch, als ich mit knapp 20 Jahren aus der U-Bahn in London stieg und mit meinem billigen Kunststoffkoffer über die Bürgersteige des Südlondoner Stadtviertels Tooting Bec polterte.

30 Kilogramm in Form von Büchern zog ich hinter mir her, als gäbe es keine Literatur in England. Anscheinend brauchte ich doch irgendetwas von zu Hause.

Zwar hatte ich zuvor nach allen Seiten behauptet, ich würde in London studieren, doch die Wahrheit las sich anders: Schauen wir mal. Ich hatte keinen Plan, keinen Studienplatz, kein Geld. Ich wusste bei meiner Ankunft nur, dass Heidi, eine alte Freundin aus meinem Jahr in Amerika, in Tooting Bec lebte und dass ich zwei Wochen gegen eine geringe Miete bei ihr wohnen konnte, um mir vor Ort eine permanente Bleibe und einen Job zu suchen.

Heidi war nicht da, als ich ankam, niemand war zu Hause. So saß ich allein auf dem viel zu schweren Koffer und wartete, bis Ben, der Freund von Heidis Schwester, auftauchte. »Oh sorry, wir hatten dich erst in ein paar Stunden erwartet«, sagte er in seinem Londoner Akzent, als er mich vor seiner Haustür sitzen sah. »Kein Problem, ich hab' mir schnell was zu trinken geholt«, antwortete ich. (*»I walked down to the corner store and got myself a soda.«*)

Ben sah mich einen Moment verblüfft an, dann brach er in schallendes Gelächter aus: »Du klingst wie eine Moderation von MTV! Heidi sagte, du kämest aus Deutschland?!«

So viel zu meinem englisch sprechenden Ich von Welt, die in London ganz anders klang als an der amerikanischen Ostküste. In London war ich wieder nur eine Lachnummer.

Ich fing also von vorne an, fand eine WG im Norden der Stadt, dann, durch eine Anzeige in einer Kleinanzeigenpostille, einen Job bei Café Nero in Covent Garden. Dort brühte ich für fünf Pfund pro Stunde Hunderte von Cappuccinos pro Tag.

Wer heute Anfang 20 ist, hat vielleicht Angst vor Konventionen, vor Fremdbestimmung oder davor, das eigene Potential nicht auszuschöpfen, bevor es an die Familiengründung geht.

In den Neunzigern war es anders. Damals wurde *Weirdness* belohnt. Die, die in ihrer Jugend nicht dazugehörten, so wie ich – die Stubenhocker, Nerds, Aussätzigen –, wir konnten unerkannt ausschwärmen und alternative Lebenswege entdecken. Familienplanung war etwas, was man sich, wenn überhaupt, irgendwo in der Mitte des Lebens vorstellte. Entscheidender, ja gewissermaßen eine moralische Verpflichtung war es, sich kreativ zu engagieren. So zumindest empfand ich das.

Ich hatte mich bis zu diesem Punkt auch nicht wirklich ernsthaft auf dem globalen Arbeitsmarkt umgesehen. Was sollte schon sein? Dauernd gründeten sich doch neue Musik- und Fernsehsender, Magazine und Zeitungen. Oder man ging »in die Werbung«.

Ich wollte die erste Filmemacherin des Dorfes werden, das angeblich unsere Welt war.

Ich wusste auch schon genau wie, nämlich in der Tradition von Richard Linklater, Quentin Tarantino, Todd Solondz. Sie schrieben und setzten ihre Filme selbst um. Quentin Tarantino hatte nie eine Filmschule von innen gesehen – was ich damals für eine Art Voraussetzung für einen guten Filmemacher hielt –, stattdessen erarbeitete er sich sein filmisches Wissen durch einen Job in einer Videothek. Linklaters Filmschule bestand aus einer 8-mm-Filmausrüstung und einem Filmkurs am Austin Community College. Mir war ganz klar: Was ich brauchte, war kein Unterricht, ich brauchte Praxis. Schauspielunterricht für das szenische Wissen, Fotografie für die visuelle Umsetzung.

»Such dir erst mal einen Job als Fotoassistentin«, empfahl Heidis Schwester Corinne, die eine Karriere im Fernsehen anstrebte und sich gerade als Produktionssekretärin der Dokumentarfilm-Abteilung der BBC in die

Branche kämpfte. »Es geht immer nur darum, einen Fuß in die Tür zu kriegen. Wenn du erst mal eine Chance hast, dich zu beweisen, fragt dich doch keiner mehr nach einem Studienabschluss. Und dann arbeitest du dich zum Film hoch.«

Corinne verfügte über ein abgeschlossenes Studium in Medienwissenschaften, als sie diesen Job antrat, aber das erwähnte sie nicht.

Kreativität, Freizeit, Trends von morgen, Antihaltung, Vorbereitung auf meine Karriere beim Film und keine Silbe Jura: In dem Job der Fotografin schien mir tatsächlich all das vereint zu sein. Gleichzeitig hatte ich allen Anlass zu vermuten, dass dies eine Tätigkeit mit Zukunft war, was meine Eltern nur einfach noch nicht wussten.

Kurz vor dem Abi hatte ich mir zusammen mit Sebastian, dem Freund, der mit seinem Anruf meine Klausur gerettet hatte, eine Rolleiflex-6x6-Kamera gekauft und ein Fotolabor in seinem Keller eingerichtet. Als Model diente eine weißblonde Provinzschönheit, deren Namen ich vergessen habe, in einem roten, bodenlangen Samtkleid.

Rückwirkend würde ich mich als mittelmäßig begabt bezeichnen, mir fehlte die Geduld, die Feinmotorik. Spaß hatte ich am Bildausschnittfinden und natürlich am magischen Moment, in dem die Entwickler-Chemikalie das Bild auf dem Fotopapier sichtbar machte.

Damals aber beschloss ich, auf Basis dessen eine gute Fotoassistentin zu werden und als nächsten Schritt dann eine gute Filmregisseurin abzugeben.

Vielleicht wollte das Schicksal meinen leichtsinnigen Mut belohnen. Auf jeden Fall stand ich vielleicht vier

Wochen nach meinem Umzug nach London mit einem Arm voller Magazine an der Kasse eines Kiosks in der Old Street, als ein Typ in Hip-Hop-Klamotten, vielleicht Ende, Mitte dreißig, und einer Limonade in der Hand auf mich zukam:

»Da hast du aber ein gutes Heft ausgesucht«, sagte er und zeigte auf die obere Zeitschrift auf meinem Arm, deren Cover er sehen konnte. Ich war skeptisch und peinlich darauf bedacht, *tough* rüberzukommen, also ließ ich mich nicht so einfach von der Seite anmachen.

»Wenn ich nicht gerade versuchen würde, nach Fotografen in London zu gucken, hätte ich es bestimmt nicht gekauft. Viel zu teuer.«

»Ha, bist du ein Foto-Assi?«

»Ja …«

»Ich arbeite dort! Hier!«, rief er und klopfte mit dem Finger auf das Magazin *Dazed&Confused.* »Komm vorbei, wir suchen immer Leute. Ich heiße Courtney. Frag einfach nach mir.«

Mit diesen Worten zwinkerte Courtney mir zu, schrieb seine Nummer auf einen Zettel, bezahlte sein Getränk und ging seiner Wege.

Zwei Tage später stand ich in einem geschäftigen Loft in einer Seitenstraße, nur ein paar Schritte vom Kiosk entfernt, und fragte eine überlastete Frau am Empfang nach Courtney. Egal, wie furchtsam oder mutig ich jemals zuvor war, der Gang durch die Tür zur Redaktion von *Dazed&Confused* fühlte sich wie die größte Mutprobe meines Lebens an.

Die überlastete Frau blickte mich angestrengt an und

machte eine undefinierbare Kopfbewegung in Richtung des hinteren Teils des Lofts.

»Dort entlang?«, fragte ich unsicher.

»Ja, im Studio, bist du bescheuert oder was?«, zischte sie zurück.

Okay. Ich kroch demütig an telefonierenden Redakteuren vorbei. Am hinteren Ende des Raumes sah ich eine kleine Hohlkehle und einen Make-up-Spiegel; ein eigenes, kleines Studio.

Gerade war dort Rankin bei der Arbeit, ein aufstrebender Starfotograf, zukünftiger »Germany's Next Topmodel«-Mentor und damals das Abziehbild eines englischen Modefotografen in der Tradition von David Bailey.

Er schoss auf Mitttelformat, mit einer schweren Mamiya 6.7, und bewegte sich so natürlich, als sei der Klotz von Kamera mit seiner Hand, seinem Arm, seinem Körper verwachsen. Dazu gab er die stereotyp klingenden, im wahren Leben aber tatsächlich angewandten Kommentare und Anweisungen:

»Lift your arm, darling, great, you look beautiful, you are a beast, I love, yes, give me more oft that …« *Darling* war Kylie Minouge. Sie lächelte mich freundlich an, als ich schüchtern und ängstlich in die Maskenecke blickte.

Courtney zeigte mir die Blitzanlage, Wechselobjektive und Kameramagazine und ernannte mich zum zweiten Material-Assi, das hieß, ich musste Filme laden. Das konnte ich prinzipiell, Mittelformatsfilme aufspulen musste ich in unserer Kamera auch, nur hatte die keine Wechselmagazine. Damit Rankin nahtlos weiterfotografieren konnte, musste ich schnell nachladen.

Zwischen den »Oh, baby, you are so sexy« klang ab und zu ein trockenes »Film«. Ich riss schwitzend die verschweißte Folie auf, in der die Filmrollen eingepackt waren, brach das Papiersiegel auf, öffnete die Magazinkassette, entnahm den belichteten Film vorsichtig, reichte ihn Courtney und legte so schnell ich konnte den neuen ein. Nur war ich nicht schnell genug. Nicht mal annähernd.

Ging alles gut, war ich unsichtbar. Machte ich einen Fehler, war ich das Sandkorn im Getriebe, alle Blicke wanderten sofort in meine Richtung, ich war augenblicklich präsenter als Kylie vor der Kamera. Meine Hände schwitzten und zitterten, während ich die Filmzunge einfädelte, die immer wieder aus der Lasche sprang.

»Film?«, rief Rankin vorwurfsvoll.

Courtney zuckte mit der Schulter, denn ich war nicht rechtzeitig fertig geworden. Der Film wollte sich nicht verhaken.

Wieder hörte ich Rankin: »Film!« Jetzt bestimmter, lauter. Ich versuchte und versuchte, doch nichts ging mehr. Rankin richtete sich auf, legte die Kamera auf die Schulter und blickte mir direkt in die Augen:

»*Who the fuck are you, and what the fuck are you doing in my studio?*«

Genau, *what the fuck*?

Mein Weltfrau-Mut bröselte in sich zusammen. Übrig blieb ein Häufchen Provinz-Miriam.

»*What is the fucking deal with her, Courtney, doesn't she speak English?*«

»Of course«, entwich es meinem Mund, einigermaßen

automatisch und überraschend britisch. Posh, würde man sagen – so posh, dass Rankin sich über mich lustig machte.

»Of course«, äffte er mich nach und lachte (woraufhin alle anderen auch lachten), »shall we then, for fuck's sake?!«

Mein Herz raste, meine Finger zitterten wie Espenlaub.

»Mach dir nix draus«, flüsterte Courtney, »du machst das gut. Rankin ist einfach eine spezielle Type …«

Die »Type« lebte damals im Fotostudio, und in seinem Fiat Panda, weil seine Frau ihn angeblich »rausgeschmissen hatte« (erzählte Courtney). Wir fuhren mit seinem mobilen Übergangszuhause zum Labor, saßen zwischen seinen Pizzakartons, den schmutzigen Windeln seines Babys, zahllosen leeren Bierdosen, und ich dachte: Wie cool muss einer sein, der so lebt und trotzdem alle – David Bowie, Michael Jackson, Kate Moss, Cate Blanchett, Thom Yorke, Debbie Harry, Kim Gordon, Jarvis Cocker, Damon Albarn, Vivienne Westwood … – vor die Kamera kriegt?

Wer eine schwere Kamera und ein Riesenego hatte, brauchte keine schicke Wohnung! Nun musste ich nur noch einen Weg finden, das meinen Eltern klarzumachen.

Jedes Telefonat mit ihnen lief gleich ab. »Und, kommst du mit deinem Geld aus?«, fragte mein Vater. Ich kam nie mit meinem Geld aus. Ich zahlte 400 Pfund Miete im Monat für ein 11 Quadratmeter großes WG-Zimmer und verdiente vielleicht 750 Pfund im Café Nero. Wenn wir telefonierten, stellten meine Eltern mich zu Hause auf Lautsprecher, ich hörte meine Mutter im Hintergrund:

»Frag sie, ob sie sich um einen Studienplatz gekümmert hat.«

»Und, was machst du so?«, fragte mein Vater.

»Ich arbeite«, antwortete ich einsilbig.

»Was arbeitet sie denn?«, hörte ich meine Mutter im Hintergrund flüstern.

»Bist du immer noch in diesem Café?«, fragte mein Vater.

»Ja, und ich arbeite bei *Dazed&Confused*. Da ist es total cool.«

In solchen Augenblicken folgte obligatorisch Stille in der Leitung. Manchmal war ein Tuscheln vernehmbar. Dabei war alles, was ich hören wollte, ein klares, deutliches, stolzes: »Das klingt ja toll. Prima, dass du das alles so gut alleine hinbekommst!«

Auch wenn ich mich nach allen Kräften abgrenzte, wollte, brauchte ich ihren Zuspruch natürlich trotzdem. Denn noch schlimmer, als wie sie zu sein, wäre gewesen, gar nicht mehr geliebt zu werden.

AM FENSTER

Sehr viel Liebe und überhaupt keine Angst steckte in einer circa 0,5 Quadratmillimeter kleinen Pille, die man damals für 10 Pfund in jedem Londoner Club kaufen konnte. Sie war kaum größer als eine Pfefferminzpastille. Auf einer Seite war das Logo des japanischen Autoherstellers Mitsubishi eingeprägt, so bekam die kleine Tablette ihren Namen, sie war der heimliche Star der englischen Clubszene der 90er Jahre: das *Mitsubishi-Ecstasy*.

Heute weiß ich, was darin steckte. Damals, als es darum ging, hätte ich nicht mal im Traum Recherchen dazu angestellt.

Ecstasy basiert auf einer Substanz namens MDMA, die 1912 vom deutschen Pharmaunternehmen E. Merck patentiert wurde, angeblich, um den Hunger von Soldaten in der Schlacht zu hemmen. Erst 2006 ging eine moderne Studie den Ursprüngen von MDMA auf den Grund: Es war kein militärischer Appetithemmer, sondern ein Mittel gegen Blutgerinnsel namens Methylsafrylamin. Erst 1927 wurde dieser Nebeneffekt des Medikaments zufällig bei einem Tierversuch entdeckt.

MDMA kam in den 1960er Jahren durch den Chemiker Alexander Shulgin in den Fokus des Interesses. Shulgin empfahl das Präparat aufgrund seiner emphathogenen (einfühlenden) und entaktogenen (selbstwahrnehmenden) Wirkung als Hilfsmittel in der Psychotherapie. Er nannte MDMA »Window« – ein Fenster zur Psyche.

MDMA wurde in den nachfolgenden Jahren von einigen Psychotherapeuten in deren Praxis benutzt – hätte meine Mutter also in den USA gelebt, wäre es – zumindest theoretisch – denkbar gewesen, dass man ihr Verbrennungstrauma mit MDMA behandelt hätte. Was wohl noch durch dieses Fenster in ihre Seele zutage getreten wäre?

Erst 1985 verbot die amerikanische Drogenbehörde Drug Enforcement Administration (DEA) MDMA. Dieses Verbot wurde 2001 wieder gelockert, dann, begrenzt auf posttraumatische Belastungsstörung (*post traumatic stress disorder*), die in den USA besonders Kriegsveteranen quält, wieder erlaubt.

Heute greift eine kleine Zahl amerikanischer Psychologen wieder darauf zurück. Studienergebnisse über den tatsächlichen Nutzen von MDMA in der Therapie sind allerdings umstritten. Tatsächlich hilft die euphorisierende Wirkung in einigen Fällen bei der Aufarbeitung des Traumas, weil der Patient dadurch weniger Angst hat, sich den vergangenen Situationen zu stellen.

Um Therapie ging es uns im London der Neunziger selbstverständlich nicht. Ich wollte mich lediglich weiteren Mutproben stellen. »Und was genau macht es?«, fragte ich meinen Mitbewohner Steven neugierig, der mir eines Abends in einem Ostlondoner Club die kleine Pille in die Hand legte.

»Es macht dich glücklich. Man hat Lust, ganz viel zu tanzen. Man fühlt sich eins mit der Welt, mit seinen Freunden und überhaupt allen.«

»Hast du denn schon mal Ecstasy genommen?«

Steven lachte. »Klar, schon oft.«

Ich betrachtete die kleine Pille. Weiß war sie, mit farblich nicht zu definierenden, feinen Flecken. Im Vergleich zum klinischen Aussehen des *Tranxillium* meiner Mutter – jener weißrosa Kapsel, die eindeutig etwas von Medikament, von Heilung hatte – sah Ecstasy geradezu schmutzig aus.

Natürlich hatte ich irgendwann einmal etwas darüber gelesen, doch außer schlechten Erfahrungen, die ich mit Joints gemacht hatte, nie Drogen ausprobiert. Die Angst vor Sucht und Kontrollverlust war immer zu groß gewesen.

»Macht es süchtig?«, fragte ich Steven.

»Nein!«, rief er und verzog das Gesicht, als hätte ich die dümmste Frage aller Zeiten gestellt.

Um uns herum dröhnte das Londoner Nachtleben. Die Schallwellen der Bassboxen brachten den Boden zum Vibrieren, verschwitzte, rhythmisch zuckende Körper schoben sich von einem Raum zum anderen, von der Bar zum Hauptraum, vom Hauptraum zu einer der kleinen Lounges, von der Lounge die kleine Wendeltreppe hinauf auf die Galerie, von der aus man dem DJ am besten zusehen konnte.

Beats und Bässe hämmerten nach allen Seiten, prallten als Echos von den kondenswasserbenässten Wänden zurück. Wahrscheinlich hatte die Hälfte aller Clubbesucher ebenfalls Ecstasy genommen, jedenfalls tanzten sie wie wild und abwesend, mit Pupillen so groß wie Frühstücksteller, und umklammerten dabei ihre Wasserflaschen.

Ich blickte in meine Hand und betrachtete die Pille. Plötzlich sah ich mich wieder ganz deutlich im Haus meiner Eltern stehen, mehr als sieben Jahre zuvor, allein, im Dunkeln, in der absoluten Stille, mit der *Tranxillium* in der Hand.

Ich erinnerte mich an die Angst, die mir damals die Kehle zugeschnürt, mich davon abgehalten hatte, zu erforschen, ob das Präparat in dem fein säuberlich abgepackten Pharmaprodukt unsere Familienkrise lösen könnte. Und entschied: Ich war nicht mehr dasselbe ausgelieferte, ängstliche Kind von 13 Jahren. Ich hatte in der Zwischenzeit im Ausland gelebt, mich zweimal in eine fremde Kultur eingefunden, hatte mir Jobs und Wohnungen gesucht, und ich sorgte, mehr oder weniger erfolgreich, für meinen eigenen Lebensunterhalt. Ich war mutig. Ich war unantastbar. Nichts kriegte mich.

Und einfach so schluckte ich die Pille in meiner Hand.

»Merkst du schon was?«, fragte ich Steven.

»Nee. Du?«

Was genau sollte ich eigentlich merken?

Was genau eine solche Pille eigentlich im Körper machte, fragte damals keiner.

De facto setzt MDMA, der chemische Wirkstoff, der neben Speed und Streckmitteln in halbwegs sauberen Ecstasys steckt, den Neurotransmitter Serotonin im Körper frei. Serotonin (auch Botenstoff der Glücksempfindung genannt) ist an der Steuerung der Temperaturregulierung, des Sexualverhaltens und der Schlaf-und-Wach-Phasen-Rhythmik (in komplexer Interaktion mit Dopamin, Noradrenalin und Acetylcholin) beteiligt.

Ein erhöhter Serotoninspiegel beeinflusst vor allem die emotionale Selbst- und Fremdwahrnehmung, steigert das Glücks- und Wohlbefinden sowie das Empfinden sensorischer Reize. Dies betrifft einerseits die optischen Impulse und akustischen Signale und anderseits vor allem die über den Tastsinn wahrgenommenen Reize.

Nach zwanzig Minuten hatte das Serotonin meine Neurotransmitter erreicht: Meine Pupillen, das spürte ich, weiteten sich, meine Arme wurden steif, mein Mund trocken und mein ganzer Körper verfiel in starke Unruhe. Ich fing an zu schwanken und zu wackeln. Der Club drehte sich um mich herum, ich bekam keine Luft mehr, mein Herz pumpte das Blut so schnell durch meine Adern, dass ich das Gefühl hatte, es würde im nächsten Moment an der Halsschlagader durch die Haut herausbrechen. Meine Arme kribbelten, als wären Ameisen unter meiner Hautoberfläche unterwegs.

Hatte die Pille das ausgelöst? Wirkte Ecstasy bei mir anders als bei allen anderen Menschen? War per Droge nun endlich die Angst meiner Mutter in meinen Körper gefahren? Während ich das Gefühl nicht loswurde, mich von außen betrachten und mir beim mir von meiner Mutter so vertrauten Schaukeln und Wanken zuschauen zu können, hatte ich nur noch einen Gedanken: Raus hier!

Da packte Steven mich am Arm:

»Ganz ruhig atmen. Das geht gleich vorbei, hier, trink einen Schluck Wasser.«

Er hielt mir ein Glas Wasser hin, das ich in einem Zug leerte.

»Besser?«, fragte er. Ich nickte. Tatsächlich beruhigte ich mich, mein Herz schaltete einen Gang runter.

»Tief atmen, nicht das Atmen vergessen«, sagte er ganz ruhig. Hatte das eigentlich mal ernsthaft jemand bei meiner Mutter versucht? Nicht das ewige: »Reiß dich doch einfach mal zusammen!«, sondern gut zureden, zum ruhigen Atmen auffordern, statt nervös auf sie einzureden oder sich beschämt zur Seite zu drehen? Hatte sie mal einer beherzt von der Seite gepackt und gesagt: Ganz ruhig, das wird schon wieder? Direkt am Anfang einer Panikattacke? Soweit ich mich erinnerte, infiltrierte die Panik, die von ihr ausging, alle Menschen im Raum. Ruhig blieb niemand. Je.

Ich blickte Steven an. Seine Eltern waren als Einwanderer aus Italien nach Schottland gezogen, weswegen er, ganz unkeltisch, dunkle Haare, olivfarbene Haut und dunkelbraune Augen hatte. Doch gerade sah ich das Haselnussbraun seiner Augen nicht mehr, nur noch das Tiefschwarz seiner Pupillen. Es hatte sich über die gesamte Iris ausgebreitet, füllte sie komplett aus. Und plötzlich – war die Angst weg.

»Wie siehst du denn aus?«, fragte ich und prustete los. Was so lustig daran war? Keine Ahnung. Jedenfalls konnte ich nicht aufhören zu lachen. Steven fing auch an.

Und damit fiel ich hinein in ein warmes, wonniges Gefühl von Glück und Angstfreiheit, so tief wie Alice in den Hasenbau: Ich schwebte durch Wallungen von Freundschaftsgefühlen und Freiheitsdrang, ich liebte den lärmenden Club mit seinen blitzenden Lichtern, seiner schimmernden Disco-Kugel, all den schwitzenden, abgedrifteten Menschen, die wie ich selig vor sich hin tanzten.

Es gab keine lähmende Vergangenheit und keine furchteinflößende Zukunft mehr. All die Träume, die mich nachts verfolgten, in denen ich meine Eltern anschrie, ohne dass ein Ton aus meinem Mund drang, Träume, von denen am nächsten Morgen nichts als Halsschmerzen und Wut im Bauch zurückblieb – all das verschwand in der Londoner Nacht. Alles strahlte, Schmerzen und Kummer versanken in der Masse, nichts als Frieden und Liebe blieb.

Die folgenden zwei Jahre ging ich in London immer wieder auf die Suche nach diesem Moment. Das Versprechen des ultimativen Glücksgefühls entpuppte sich als die ultimative Verführung: Eine Pille, und der Schmerz ist weg. Eine Pille, und die Angst ist weg. So einfach war das also. Nur dass es eben nicht ganz so einfach war, das Glück festzuhalten. Im Gegenteil. Es rann mir durch meine Finger, wie ein beglückender Film, der eben doch zu Ende geht, eine Serie, die zwangsweise auf ein Finale zusteuert. Egal, welche Pillen ich schluckte, ich fand nie wieder in diese erste Wolke der Furchtlosigkeit zurück.

Mein Gehirn hatte offenbar auf die Überproduktion des Nerventransmitters reagiert, es entwickelte Resistenzen.

Derweil wurde das Leben in London immer weniger finanzierbar, auch hielt ich den unbezahlten Job und harschen Ton bei *Dazed&Confused* nicht mehr aus. Ich ging dazu über, Fotografen mit kleinerer A-List-Dichte zu assistieren, die freundlicher waren und Geld bezahlten.

Der Erste, bei dem ich länger blieb, arbeitete in der Werbung und war, mit seiner Prada-Aktentasche und seiner Frau auf Miu-Miu-Wedges, der glamouröseste Mensch, der mir bis dahin begegnet war. Er lebte in Hamburg, ich begleitete ihn auf Reisen um die ganze Welt. Nur: Besser ging es mir dadurch nicht.

In den dunklen, überteuerten Hotelzimmern kehrte die Einsamkeit so kalt und schroff zurück, dass ich mich wieder nach dem sehnte, was sofort Geborgenheit versprach. Essen. Zwar konnten eine Tüte Chips und ein Cheeseburger es nicht mit jenem ersten Ecstasy-Trip aufnehmen, aber kurzzeitig glücklich machten sie mich trotzdem.

Nachts schlich ich mich raus und kaufte in Kiosken und Schnellrestaurants ein. Eine Rechnung des Zimmerservice hätte mich verraten können, ein Spaziergang zu nachtschlafender Zeit aber blieb mein Geheimnis.

Ich kaufte Fertigkuchen mit Schokoladenguss, Schokoladenkekse und Cola, tütenweise Chips und becherweise Eiscreme. Sobald ich den Laden verließ, riss ich die Tüten auf und aß los, den ganzen Weg bis ins Hotelzimmer, und dort erst recht. Jeder einzelne Chip, jeder Keks, jeder Löffel Eiscreme liebkoste mich, ich gönnte mir alles und feierte mich selbst, bis die leeren Behälter mich daran erinnerten, was ich getan hatte. Dass ich dick werden und nicht mehr in die schönen Kleider passen würde, die ich mir von meinen Foto-Assistenten-Honoraren gekauft hatte. Dass ich mich nicht unter Kontrolle hatte.

Dass ich Jessica geworden war.

Also machte ich es rückgängig, in dieser erniedrigenden, selbstzerstörerischen Art und Weise, die nur Bulimiker als glücklich machend, als erleichternd und reinigend empfinden.

In dieser Leere ahnte ich, dass ich mich nicht einfach in einer anderssprachigen Version neuerfinden und »die Tochter der angstkranken Mutter« aufs Abstellgleis schieben konnte.

Jeden Tag fürchtete ich, dass man mich durchschauen, unter meiner schlauen, mondänen Fassade das verängstigte Provinzkind entlarven könnte.

Ich wünschte mir, ich wäre in der Stadt aufgewachsen. Ich wünschte mir, ich wäre in einem Haus mit einem Calder-Mobile groß geworden. Ich wünschte mir, meine Eltern hätten ein Sozialleben, Freunde gehabt. Ich wünschte mir, sie wären auch ohne uns mal in den verdammten Habichtswald gefahren, ich wünschte mir, ich hätte sie bei irgendwas anderem gesehen, als auf dem Sofa liegend, fernsehguckend oder im Garten arbeitend.

Ich wünschte, meine Mutter hätte mir gezeigt, wie man Make-up auflegt und sich die Wimpern tuscht. Ich wünschte, sie hätte mir die Fingernägel lackiert oder irgendwas getan, das mir gezeigt hätte, wie ich eine Frau sein konnte.

Stattdessen war ich dreiundzwanzig Jahre alt und lag auf dem Boden eines Hotelbadezimmers. Zwar reiste ich durch die Metropolen der Welt, in der Gesellschaft von Fotografen, Models und Künstlern, nur leider war ich nicht wie sie und wusste auch nicht, wie oder wer ich sein sollte. Ich fühlte mich immer noch wie zwölf. Ich wollte immer noch verschwinden, wurde immer noch von denselben Gedanken gejagt wie zehn Jahre zuvor: Wenn ich nicht funktioniere, wenn ich versage, werde ich vielleicht auch deportiert, so wie Jessica. Deportiert. Von wo, und wohin? Auf jeden Fall aus dieser Welt heraus. An einen noch desolateren Ort.

Hätte ich schon damals mit jemandem über alle diese Dinge gesprochen, hätte ich mich aus meinem kleinen Haus aus Toughness und Selbstmitleid hinausgewagt, hätte ich gemerkt, dass ich mit diesen Gefühlen nicht alleine dastand.

Ohne dass ich es mir eingestehen wollte, begleitete die Angst mich jeden Tag. Ich ging mit ihr ins Bett, sie streifte durch meine Träume. Sie stand neben mir in der Dusche und flüsterte mir mit dem ersten Kaffee ins Ohr: Wenn du nicht aufpasst, wirst du alles verlieren. Sie wollen dir an den Kragen. Du musst leisten und schaffen, hart arbeiten, nicht zu viel Aufmerksamkeit erregen, du musst dir Sicherheit von höherer Stelle holen, bevor du eine Entscheidung triffst, du musst gut, aber angepasst leben, nur dann, und nur vielleicht, bekommst du die Anerkennung, die andere Leute erfahren. Nur dann wirst du wirklich geliebt werden … und in Sicherheit sein, aber eben nicht nur die ist wichtig, sondern auch ein gewisser Komfort, denn der Komfort gibt mir ja Sicherheit …

Nur: War das nicht genau der Begriff, vor dem ich, vor dem wir alle auf der Flucht waren? Und wie mutig war ich denn schon, wenn ich mich von der Angst vor gängigem Sicherheitsdenken um die Welt jagen ließ?

Auf dem Hotelfußboden musste ich es dann einsehen: Die englischsprachige Hülle war eben nicht mehr als das, ein avantgardistischer Mantel, den ich mir über mein provinzielles Kleid geworfen hatte. Selbst wenn die Menschen, die ich in meinem dauermobilen Arbeitsleben streifte, mir die Frau von Welt abnahmen (weil sie weder Zeit noch Interesse hatten, genau hinzuschauen), wurde ich selber der Verkleidung überdrüssig.

2000 bewarb ich mich für ein Praktikum beim Magazin *Playboy* in München (mutig, fand ich!) und folgte einem neuen Freund für eine Weile nach Köln.

Doch schließlich landete im Jahr 2001 auch ich in der Stadt, die zum Zentrum der Kreativen des 21. Jahrhunderts werden sollte. Die neuerfundene, wiedergeborene deutsche Hauptstadt Berlin. Dort pilgerte hin, wer etwas vorhatte, aber nicht ganz genau wusste, was. In Berlin konnte man es sich leisten, minimale Sicherheitsvorkehrungen zu treffen, denn das Leben kostete nichts.

DIE ZAHNFEE KOMMT

Ich zog in die Wohnung einer Freundin am Helmholtzplatz, die 125 Quadratmeter groß war und 400 Euro Warmmiete im Monat kostete. Die Leute, die uns umgaben, zogen jedes Jahr um: Weil sie einen neuen Kiez ausprobieren wollten, weil sie sich von ihrem Partner getrennt oder mit der Mitbewohnerin gestritten hatten. Vor allem aber, weil es eben möglich war.

Mehr denn je träumte ich vom ganz großen Durchbruch. Von der Fotoassistentin war ich tatsächlich fast nebenbei zur Regisseurin aufgestiegen. Ich wurde von einer Hamburger Filmproduktionsfirma vertreten und drehte plötzlich Musikvideos für mehr oder weniger bekannte Künstler.

Der Fotograf mit der Prada-Aktenmappe, dem ich länger assistiert hatte, setzte auf mich. Er hatte Geld in meine Zukunft investiert und mir geholfen, ein paar gefällige Werbefilmchen zu drehen. Er kannte die Musikvideo- und Werbefilmwelt ebenso wenig wie ich, wollte aber auch einsteigen. Und er hatte beschlossen, dass ich neben der kreativen Arbeit – Konzepte schreiben, Drehs vorbereiten, Regie führen, schneiden, fertigstellen – auch noch Produktionsabläufe organisieren konnte.

Wir mieteten ein Büro in Kreuzberg, und ich fühlte mich lebendig. Ich hatte einen Sinn gefunden. Fast wie das MDMA, das einst meine Synapsen mit Glückshormonen überschwemmt hatte, ließ die Mischung aus Dauerarbeit und langsamem Erfolg mich euphorisch werden: Ich würde es schaffen! Ich würde beweisen, dass es einen alternativen Lebensweg zu Abi, Studium und Daueranstellung bis zur Pensionierung gibt! Ich war mein eigener Chef.

Ich arbeitete im Akkord, Tag und Nacht. Ich rief Videokoordinatoren bei Plattenfirmen an, die Kontakte zwischen Künstlern und Videoproduktionsfirmen herstellten, baute Netzwerke auf, suchte Crewleute, produzierte, machte Fehler. Ließ mich beschimpfen (»So ein Chaos habe ich noch nie erlebt«), loben (»State of the Art, ein Supertalent«) und kam insgesamt besser voran als erwartet.

Nur Geld hatte ich keins. Meine Honorare flossen in die Firma, finanzierten Miete, Telefon und Internet, 1000 Euro zahlten wir mir monatlich aus.

Meine Eltern waren skeptisch:

»Wie willst du denn davon leben?«

»Das Geld ist doch gar nicht entscheidend. Hauptsache, ich verwirkliche mich!«

Nachdem die unmittelbare Elternverantwortung mit dem Auszug meiner Schwester beendet war, hatte meine Mutter die Kraft gefunden, sich eine neue Therapeutin zu suchen. Doch nicht nur die neue Therapie sorgte in diesen Monaten für eine rasante Verbesserung ihres Zustands. Es war ironischerweise das Versagen des Sicherheitsnetzes.

Mein Vater, der hart arbeitende, aufgestiegene Erfolgsmann, wurde im Alter von fünfzig Jahren aus seiner Festanstellung gekündigt. Die Gründe? Alter, Umstrukturierung, was auch immer. Die Folgen für meinen Vater waren jedenfalls niederschmetternd. Arbeitslosigkeit, mit einem Hauskredit und hohen laufenden Kosten, dieses *worst case scenario* hätte das endgültige Ende unseres Familiendaseins bedeuten können.

Aber genau das Gegenteil war der Fall.

Meine Eltern hatten auf einmal Zeit füreinander. Meine Mutter und mein Vater konnten sich, ohne uns Kinder, ohne die zeitaufwendige Arbeit meines Vaters, ohne seine Reisen und endlosen Abwesenheiten, endlich gemeinsam ihren Problemen stellen.

Wie das genau aussah, habe ich nie erfahren. Doch auf einmal, zunächst noch ganz zaghaft, gingen die beiden essen. Irgendwann sogar ins Kino. Und schließlich in den Urlaub. Das hieß nicht, dass sie Flugreisen machten oder tanzen gingen, aber im Rahmen dessen, was wir seit 1987 kannten, glich diese Besserung einer familiären Revolution:

Meine Mutter aß wieder am Tisch. Sie ging hin und wieder einkaufen. Sie kehrte ins Leben zurück.

Je besser es meiner Mutter ging, desto mehr mischte sie sich in meine Lebensentscheidungen ein: »Was willst du denn arbeiten? Du verdienst doch gar kein Geld mit dem Filmzeugs!«, schimpfte sie durchs Telefon.

»Warum geht es euch immer nur ums Geld?«, schimpfte ich zurück.

»Es geht uns um deine Zukunft!«

»Richtig. Meine Zukunft. Meine Angelegenheit. Kümmert euch um eure …«

Leider stellte sich wenig später heraus, dass sie recht hatten. Nicht grundsätzlich, denn tatsächlich musste und wollte ich meinen Weg gehen, doch die Abkürzungen zum ganz großen Erfolg führten tatsächlich nicht zum

Ziel. Nicht nur arbeitete ich generell zu viel, ich trug auch zu viel Verantwortung für Dinge, von denen ich keine Ahnung hatte: Buchhaltung, Rechnungswesen, GmbH-Regeln. Ich tat so, als wisse ich alles, und fühlte mich heimlich total überfordert. Nur gab ich es nicht zu und bat nicht um Hilfe – das wäre ein Verrat an der Sache gewesen, ein Zugeständnis an das Sicherheitsdenken meiner Eltern. Und so steuerte ich auf die erste, professionelle Katastrophe zu, ein ernsthaftes Scheitern mit Ansage.

An einem kühlen Apriltag 2002 lag ich abends in einem Hotelzimmer in Hamburg und starrte in den Mülleimer. Dort lagen eine Tüte Mini-MilkyWays, mitsamt einzelnen, zerrissenen Papieren, eine Tüte Sourcream&Onion-Chips und zwei Flaschen Cola light – alle leer.

Die verknitterten Papiere und die leeren Plastikflaschen starrten vorwurfsvoll zurück, unzerstörbare Zeugen eines Ess-Brech-Anfalls. Die Toilette konnte ich saubermachen, ich konnte mir die Hände waschen und die Zähne putzen, doch der Müll blieb, ich konnte ihn nicht verschwinden lassen.

Beschämt suchte ich nach Taschentüchern und alten Notizen, um meine Schande abzudecken. Was sollte der Zimmerservice von mir denken?

Dabei hätte dies eigentlich mein großer Tag werden sollen. Ich hatte ein Set von fünfzig Crewleuten und noch mal fünfzig Statisten für einen Werbespot für eBay geführt. Dabei hatte ich mich ganz gut geschlagen, doch ich fühlte keine wärmende, wohlige Zufriedenheit, sondern nichts als Leere und Isolation. Denn unter dem Erfolg des Werbefilms schwelte die Wahrheit, die ich, wie die

Süßigkeitenpapiere im Mülleimer, nicht mehr verbergen konnte: Ich hatte die Kontrolle über die Finanzen meiner Filmproduktion verloren, hatte Schulden produziert und diese verheimlicht.

Der Knall stand unmittelbar bevor.

Noch schlimmer war: Regie führen machte mir im größeren Stil überhaupt keinen Spaß. Mein Talent war mittelmäßig, und der Ehrgeiz, voranzukommen, schwand mit jedem Tag.

Ich hatte mich selbst verraten. Ich hatte mich starrköpfig in die Ecke manövriert, ich war so blind in die Abgrenzung gerannt, dass ich gar nicht wahrnehmen wollte, dass mir dieser Weg überhaupt nicht gefiel – zu viel Gerede, zu viel Durchsetzen, zu viel Streit um zu viele, zu kleine Dinge: die Farbe von Badeanzügen, die Betonung einer Wortsilbe, die Länge eines Musikschnipsels.

Was ich wollte, war die Anerkennung, das Werk selbst war mir gar nicht so wichtig. Und die Anerkennung fiel auch nie so fruchtbar, so überschwänglich aus, dass ich davon hätte zehren oder sie einfach nur hätte annehmen können.

Mir wurde klar, dass ich an einem Endpunkt angekommen war, dass mir auf einem völlig anderen Weg genau das passierte, was ich um jeden Preis hatte verhindern wollen: Die Angst übernahm die Kontrolle. Nur manifestierte sie sich bei mir nicht in Panikattacken, Schwanken und Schwindel, sondern durch Inmichhineinstopfen und Wiederausspucken. Und die Papierverpackungen von Süßigkeiten waren nicht die einzige Spur, die meine Angst hinterließ.

Wenige Tage später stand ich in Berlin auf der Oberbaumbrücke. Bereits vor Wochen war eine Füllung aus meinem Backenzahn gefallen. Es war die dritte, doch ich traute mich wegen meiner Bulimie nicht zum Zahnarzt.

Ehrlich gesagt traute ich mich noch nicht mal mehr, im Spiegel in meinen Mund zu schauen, so sehr ekelte mich die Kraterlandschaft, die mir dort in ihrer brutalen Hässlichkeit entgegenblickte. Ich musste mir hygienische Zahnstocher kaufen, um Essensreste aus den hohlen Zähnen zu kratzen.

Ein paar Tage zuvor war mir mit einem Brötchenbissen ein Stück Zahn aus meinem Mund gefallen, seitdem wackelte das verbleibende Stück im Kiefer, wie der Milchzahn eines Kindes. Wenn ich nicht aufpasste, hing er wie ein Vampirzahn über die Lippe hinaus.

Ich sah meine Zahnärztin mit vorwurfsvoller Miene vor mir, hörte meine Mutter nörgeln: »Ich hab dir doch gesagt, dass Bulimikerinnen regelmäßig zum Zahnarzt gehen sollen.«

Ich konnte nicht.

Das nahe Ende des Regietraums, die Erschöpfung, die Gedanken an eine schimpfende Zahnärztin ließen mich so schaudern, dass ich mich an diesem Nachmittag ins Gebüsch an der Spree schlug und dort, unter dem Schutz der Blätter, wie ein kleines Kind, die Zahnreste aus dem Zahnfleisch drehte.

Nur ist ein bleibender Zahn, auch wenn er wackelt, viel fester verwurzelt als ein Milchzahn. Ich machte eine Pause, holte tief Luft und startete einen neuen Versuch.

Ich stand mit über zwanzig Jahren versteckt am Spreeufer und zog meinen eigenen Zahn. Ich, die ich niemanden brauchte. Ich, die auf der Flucht vor der Angst meiner Mutter weglief. Ich, die sich schämte, so sehr schämte, ihre Schwester weggeschickt zu haben, ich, die es verdient hatte, hier im Verborgenen zu sein. Selbstverstümmelung hatte sich nie realer und gleichzeitig körperloser angefühlt.

Der Zahn brach. Ein Splitter mit der Wurzel blieb im Kiefer stecken, und das Wackelstück lag jetzt, braun und leblos, in meiner Hand. Ein Stück von mir, dachte ich, ein verfaultes Stück von mir. So weit hatte ich es kommen lassen. Und es ging noch weiter nach unten.

Die Filmproduktion schloss, und ich blieb, ohne Geld, mit einem Berg voll Schulden und einem angebrochenen Zahn, in der großen Wohnung zurück.

Mein Vater musste einen Kredit aufnehmen, um einen Teil der Schulden zu decken, meine Eltern zahlten einen Mietrückstand. Mein Konto war so stark überzogen, dass ich nur noch 10-Euro-weise Geld aus dem Automaten bekam.

Vor Existenzangst und Scham konnte ich kaum noch schlafen. Ich fühlte mich, als riefe jemand mit einem Maschinengewehr hinter mir: »Arbeite! Oder du stirbst!«

Ich begann. Schrieb an einem Filmdrehbuch und an einer Fernsehserie, beides im sogenannten Entwicklungsstadium. Es gab bald einen interessierten Produzenten, aber noch keinen Sender. Das hieß, ich ackerte umsonst, in der Hoffnung, dass es irgendwann Geld geben würde. Meine Bulimie gedieh bestens auf dem Nährboden des Versagens.

Eines Abends, ich saß gerade zu Hause vor meinem Computer, rief mal wieder meine Mutter an. Tagelang hatte ich ihre Anrufe ignoriert, doch weil Geld im Spiel war, hielt ich es nicht länger aus: Ich musste drangehen.

»Was gibt's?«, versuchte ich möglichst beiläufig zu fragen. Dabei war meine Nackenmuskulatur schon verspannt, als ich ihre Nummer auf dem Display gesehen hatte.

»Wir wollten nur mal hören …«

Die Anfänge unserer Telefonate glichen sich aufs Wort. Es war, als hätten wir sie irgendwann aufgenommen und würden sie nun, immer wieder aufs Neue, abspielen.

»Hast du denn mittlerweile Arbeit gefunden?«

»Ich habe Arbeit!«

»Dieses Drehbuch …?« Am Klang ihrer Stimme hörte ich, dass »dieses Drehbuch« ihrer Meinung nach nicht als Arbeit durchging. Zusammenreißen sollte ich mich, und endlich studieren. Das hatte sie mir schon zahllose Male gesagt, wie traurig sie mein Leben mache, dass ich kein Geld und keine Zukunft hätte, während doch Produzenten und Kollegen immer wieder betonten, wie begabt ich sei …!

»Mit Schreiben verdienst du kein Geld!«, rief sie schließlich. »Jetzt kannst du noch nicht mal mehr die Fressanfälle deiner Bulimie bezahlen!«

In großen Buchstaben blieb dieser Satz vor mir im Raum stehen.

Jetzt. Kannst. Du. Nicht. Mal. Mehr – DIE FRESSANFÄLLE DEINER BULIMIE BEZAHLEN.

Meine Mutter, die sich jahrelang nicht getraut hatte, sich ihrer Angststörung zu stellen, rieb mir nicht nur meine eigene Störung unter die Nase, sondern legte noch einen drauf. Ich war eine Irre, die sich ihr Irresein nicht mehr leisten konnte, weil sie den konventionellen Lebensweg, der sie krank gemacht und meinen Vater den Job gekostet hatte, verweigerte.

Ohne ein weiteres Wort legte ich auf. Und beschloss in diesem Augenblick zwei Dinge.

Erstens: Ich würde mir Hilfe suchen.

Zweitens: Ich würde den Kontakt zu meinen Eltern für eine Weile abbrechen.

Ohne ihr Geld auskommen, aber auch ohne ihre Missbilligung und ihre Ängste. Und auch ohne sie als abschreckendes Beispiel.

Vor allem wusste ich nun, dass ich ebenso dringend wie meine Mutter einen Therapeuten nötig hatte.

MEIN HÄSSLICHES HAUS

Der vielleicht schwierigste Teil einer Psychotherapie ist, einen geeigneten Therapeuten zu finden. Zunächst überfordert das Angebot an Therapien: Verhaltenstherapie, Tiefenpsychologische Therapie, Psychoanalyse, Systemische Therapie, Familienaufstellung, Coaching – die Liste ist lang.

Dann die nächste Frage: Wer kann einen therapieren? Aus dem Erfahrungsschatz meiner Freundinnen wusste ich, dass die Therapeutin als Person (nur so ein Bauchgefühl: Es sollte eine Frau sein) großen Anteil am Erfolg der Therapie hatte. Die nette Frau Brüggen etwa hatte damals meiner Mutter nicht helfen können. Wie also vorgehen?

Gibt man »Psychotherapie Berlin« in Google ein, bekommt man 610 000 Treffer. Schränkt man die Suche auf »Psychotherapie Berlin Essstörungen« ein, bleiben immerhin noch 84 000 Einträge. Außerdem haben Therapeuten im Gegensatz zu Hausärzten keine Sprechstunden.

Unklar war mir auch der finanzielle Teil. Ich war pleite. Bezahlen konnte ich meine Therapie also nicht. Musste ich auch nicht. Wie ich erfuhr, übernehmen in Deutschland die gesetzlichen Krankenkassen die gesamten Kosten der Behandlung, wenn eine der folgenden Störungen vorliegt:

Angststörungen
Depressionen
Essstörungen
Persönlichkeitsstörungen
psychosomatische Störungen
Süchte
Verhaltensstörungen
odcr
Zwangsstörungen.

Wenn diese wiederum durch Verhaltenstherapie, tiefenpsychologisch fundierte Psychotherapie oder Psychoanalyse behandelt werden sollen.

Aber was davon war das Richtige für mich?

Die erste, die Verhaltenstherapie, ist eine Symptombehandlung. Kerngedanke ist, dass problematisches, schädliches Verhalten erlernt wurde und somit auch wieder »verlernt« werden kann. Für mich hätte das damals bedeutet: Esstagebücher schreiben. Was esse ich wann und was fühle ich dabei? Das hätte ich mir nicht vorstellen können – auch noch über die peinliche Krankheit buchhalten zu müssen.

Die zweite Variante, die tiefenpsychologisch fundierte Psychotherapie, geht davon aus, dass die Ursachen eines Krankheitssymptoms im Unterbewusstsein liegen. Durch eine Reise zurück zu den ursprünglichen Verletzungen, Kränkungen und Traumata gelingt es dem Patienten, zur Einsicht zu kommen, und das Symptom verschwindet. Hatte das Frau Brüggen nicht auch mit meiner Mutter versucht? Und war sie nicht gescheitert?

Der letzten Variante, der Psychoanalyse, liegen die gleichen Ausgangspositionen wie der tiefenpsychologisch fundierten Therapie zugrunde – die Ursachen liegen in im Unterbewusstsein verschütteten, frühkindlichen Erlebnissen. Ziel der Analyse ist nicht nur die Behandlung des akuten Symptoms, sondern eine Neustrukturierung der Persönlichkeit. Das schien mir die größte therapeutische Mutprobe zu sein.

Zunächst traute ich mich nicht, einfach jemanden anzurufen, ich ging erst einmal in die Sprechstunde eines Beratungszentrums für Essgestörte.

Beratungszentren sehen immer gleich aus. Teppichboden, Kiefernholzmöbel und Topfpflanzen, Flyer für Gruppengespräche, Erfahrungsberichte, Mailinglisten, in die man sich eintragen kann.

Wie es darin zugeht, kennen wir aus Tausenden von

Bildern aus Filmen und Serien: Eine Gruppe Alkoholiker/Sexsüchtiger/Drogensüchtiger/Depressiver oder sonst wie Gestörter sitzt in einer Runde. Reihum muss jeder seine Geschichte erzählen, während die anderen zuhören – geteiltes Leid ist halbes Leid. Nur war dies kein Gesprächskreis, bei dem man sich einmal pro Woche abends zum Psychoplausch traf, sondern eine Runde von immer wieder Gescheiterten am Ende ihrer Kraft. Ihnen fiel nichts anderes mehr ein, als hierherzukommen.

Entsprechend bedeutete der Satz: »Ich bin seit acht Jahren mal mehr, mal weniger bulimisch« in einer Runde junger Frauen, die zumeist auf ihre Finger starrten, für mich kein halbes, sondern potenziertes Leid. Ich ließ ihre Geschichten also gar nicht erst an mich heran, rückblickend streifen sie selber wie gesichtslose Schatten durch diesen Vormittag in einer Erdgeschosswohnung am Innsbrucker Platz in Berlin-Schöneberg. Ich erinnere mich an kein Detail mehr.

Ganz sicher weiß ich allerdings noch, dass ich in dieser Praxis auch für einen Augenblick wieder im Zimmer meiner Freundin Lisa saß, die mich mit Fragen über den abrupten Abschied Jessicas löcherte, auf die ich keine Antworten geben konnte, sondern stattdessen nur Scham und Schande verspürte. Ich hatte damals versagt. Auf ganzer Linie versagt, und dafür war ich schließlich im Kreis der Versagerinnen gelandet.

An die Sozialarbeiterin, die uns betreute, erinnere ich mich auch noch. Sie hatte einen kurzen, praktischen Haarschnitt, eine gemütliche Figur, Brille, trug bequeme Schuhe und ein sackartiges Kleid. Sie versicherte uns, wie leid ihr das alles für jeden Einzelnen tue und dass sie nicht viel mehr für uns tun könne, als uns an einen niedergelassenen Therapeuten weiterzuvermitteln:

»Wir haben auf dem Tisch nebenan Listen mit Namen und Adressen aller Therapeuten, die sich auf Essstörungen spezialisieren. Diese Listen sind nach Stadtteilen geordnet, die Therapieart ist ebenfalls vermerkt. Ich würde Ihnen allen empfehlen, sich zehn Namen zu notieren, fünf Termine zu machen, und dann wird hoffentlich ein geeigneter Therapeut für Sie darunter sein. Sie haben das Recht auf eine kostenlose Probestunde. Einen Hinweis habe ich noch an diejenigen von Ihnen, die unter Bulimie leiden: Ziehen Sie Ihren Zahnarzt ins Vertrauen, lassen Sie sich die Zähne versiegeln. Die Magensäure kann massive Schäden anrichten.«

Das zumindest wusste ich schon. Ich hatte zu diesem Zeitpunkt sechs Zähne verloren, die ich alle als Stücke von mir betrachtete. Von mir abgefault.

Anschließend wühlten wir uns durch die Listen. Dabei versuchten wir jeglichen Augenkontakt untereinander zu vermeiden, als könnten wir uns mit unseren peinlichen, ekligen Störungen ineinander spiegeln.

Mein Entschluss stand trotzdem fest, ich würde mir helfen lassen. Es würde mir besser gehen. Ich würde nicht wie meine Mutter jahrelang dahinvegetieren, ich würde stark, mutig und gesund sein.

So viel Entschlossenheit braucht man auch, um eine Therapie zu machen. Ist man sich nicht ganz, ganz sicher, dass man Hilfe benötigt, hält man allein die Suche nicht durch. Ich sprach bei vielen Sekretärinnen vor. Mal war es eine mit überhinternlangen, pechschwarz gefärbten Haaren und keltischen Tattoos auf dem Oberarm. Mal war es eine strenge, deren Augen vorwurfsvoll hinter ihrer runden Brille hervorlugten.

Andere Therapeuten hatten grundsätzlich nur ihre Anrufbeantworter eingeschaltet.

Therapeuten, so lernte ich, sind meistens in Sitzungen, auf Kongressen oder im Urlaub, wenn man einen Probetermin mit ihnen vereinbaren will.

Ganz zuletzt saß ich in der S-Bahn, auf dem Weg in den tiefsten Berliner Westen, nach Lichterfelde. Die Adresse hatte ich zuvor gegoogelt und ausgedruckt (das war noch Prä-Smartphone). Dabei sah ich auf dem Stadtplan, dass die Praxis der Analytikerin Christina Kessler nur wenige Straßenzüge von der Wohnung entfernt war, in der mein Vater aufgewachsen war.

Jede Therapie ist eine Reise, man legt Wege zurück, gedankliche und eben auch räumliche. Ich brauchte 45 Minuten, um vom Prenzlauer Berg nach Lichterfelde zu kommen. Die Strecke sollte zum Teil der Therapie werden, der sprichwörtliche Weg zur Besserung, aber das wusste ich anfangs natürlich noch nicht.

Frau Kessler war angenehm sachlich. Jede Sitzung begann mit der Frage, an welchen Traum ich mich besonders deutlich erinnern könne. Wie hatte ich mich dabei gefühlt? Warum war mir genau dieser spezielle Traum im Gedächtnis geblieben?

Ich erzählte von einem furchtbar spießigen Haus, mit Geranien in Blumenkästen. Es hatte endlos viele Zimmer und ich fand den Ausgang nicht.

»Warum wollen Sie überhaupt aus dem Haus heraus?«, hörte ich Frau Kessler fragen.

»Weil es so hässlich ist.«

»Was ist denn so hässlich daran? Was für ein Haus ist es denn?«

»Es ist eine Art Blockhaus, wie ein Schwarzwaldhaus. Es sieht renovierungsbedürftig aus, runtergekommen. Hässlich ist alles – die Farben – gelb und grün, die Möbel –, nirgendwo ist irgendetwas, das mir gefällt.«

»Gibt es spezifische Räume, die Sie erkennen?«

Während ich an die Decke starrte, erinnerte ich mich an eine Esszimmergarnitur aus grünem Holz im Hüttenstil – in die Rücklehne der Stühle waren Herzchen eingeschnitzt. Doch das Zimmer sah aus, als habe seit Jahren niemand mehr dort gegessen.

»Es ist ein Esszimmer«, ergänzte ich.

»Wie fühlen Sie sich in diesem Zimmer?«

»Unwohl. Ich möchte dort nicht sein. Jedes Mal, wenn ich eine Tür aufmache, hoffe ich, den Weg hinaus gefunden zu haben. Doch stattdessen verbirgt sich hinter jeder Tür das nächste karge, deprimierende Zimmer.«

»Wenn wir von Häusern träumen, sehen wir unseren Körper oder auch den Aufbau unserer Seele, unsere innere Befindlichkeit. Vielleicht ist Ihr Leben gerade hässlich, spießig und verlassen. Vielleicht müssen Sie, damit es Ihnen besser geht, lernen, diesen momentanen Zustand auszuhalten, anstatt verzweifelt versuchen, daraus auszubrechen.«

Vor einer anderen Sitzung träumte ich, dass ich oben auf der Klippe eines Steinbruchs stand, eine große Menge

Menschen hatte sich versammelt, um mir bei einem wagemutigen Sprung in die Tiefe zuzuschauen. Ganz unten auf dem Grund des Steinbruchs schimmerte klares türkisblaues Wasser. Ich nahm Anlauf und sprang so elegant ich konnte in die Tiefe. Doch ich kam nicht an. Ich fiel, immer tiefer und tiefer. Im Fall erkannte ich eine kleine, seltsame Figur, die langsam und geschickt die Felsen herunterkletterte.

»Haben Sie beim Absprung mehr daran gedacht, gut auszusehen, als daran, sicher anzukommen?«

»Ja. Es waren ja so viele Zuschauer da.«

»Sie wollten also den schnellsten, spektakulären Weg …«

»Na ja, man erwartete es so von mir.«

»Die Zuschauer von Ihnen oder Sie von sich? Um sich auf die Tiefe einlassen zu können, braucht es keinen eleganten Kopfsprung. Die dunkle Figur macht mir Mut. Da wagt sich jemand auf den Weg in die Abgründe der Seele …«

Vor jeder Sitzung kämpfte ich mit der Zeit. Der lange Weg machte mir zu schaffen, oft war ich gerade mitten im Satz, wenn ich wieder losmusste. Oder mein Termin war um neun Uhr morgens, was bedeutete, dass ich kurz nach acht aus dem Haus musste.

Einmal war ich so verschlafen, dass ich beim Umsteigen am Potsdamer Platz in die falsche S-Bahn stieg und mit der nächsten Bahn wieder zurück nach Lichterfelde fahren musste.

Um 9:10 Uhr kam ich bei Frau Kessler an. Sie öffnete ihre Tür einen Spalt, bat mich allerdings nicht wie sonst hinein. »Es tut mir leid, aber es liegt in Ihrem Ermessen, pünktlich zur Sitzung zu erscheinen. Sie tragen die Verantwortung für diesen Termin. Heute werden wir keine Sitzung mehr haben, sondern das nächste Mal darüber sprechen, warum Sie heute zu spät gekommen sind.«

Ich fühlte mich gekränkt. *Übertragung* nennen Therapeuten diesen Prozess in der Psychoanalyse – ich übertrug meine Erwartungen an meine Mutter auf Frau Kessler. Und die hatte mir gerade eine Abfuhr erteilt. Mit gesenktem Kopf, wie ein ausgeschimpftes, achtjähriges Mädchen, schlich ich zurück zur S-Bahn.

»Wir sind nicht Herr im eigenen Haus«, eröffnete Frau Kessler die nächste Stunde. Das ist ein Zitat von Sigmund Freud. Es ist das Grundverständnis der Psychoanalyse: Wir werden hauptsächlich von unserem Unterbewusstsein gesteuert, wie bei einem Eisberg bleibt der größte Teil des Ichs im Verborgenen.

Freud geht davon aus, dass wir traumatische Ereignisse ins Unterbewusste verdrängen und sich diese im Traum, in unterbewussten Handlungen oder schlimmstenfalls in Symptomen manifestieren.

Die moderne Hirnforschung gibt Freud recht. Es gibt automatisierte Erinnerungspfade im Gehirn, die bestimmte Abläufe ohne einen bewussten Gedanken steuern. Ganz einfach zu veranschaulichen: In Abläufen wie dem Autofahren hat man die Bewegungsabläufe des Schaltens verinnerlicht, sie laufen automatisch, also ohne bewusste Entscheidungen ab.

Frau Kessler stellte in der Sitzung folgende These auf: Mein Unterbewusstsein wehrte sich gegen die Analyse, es fuhr Schutzmechanismen auf, um die Bewusstmachung verschütteter Kränkungen zu verhindern. Mein Unterbewusstsein hätte, so erklärte sie, aus dem pinkfarbenen Schild an der Bahn ein grünes gemacht. Und so sei ich in die grüne statt pinke S-Bahn gestiegen und hätte meine eigene Zeitplanung boykottiert.

»Was haben Sie an diesem Tag vor der Sitzung gefühlt?«, wollte sie wissen.

»Ich war besorgt wegen meines Drehbuchs«, versuchte ich zu rekonstruieren, »ich war besorgt, dass es nicht gut genug ist und nicht verfilmt wird.«

»Was besorgt Sie so sehr an dem Gedanken, dass Ihr Drehbuch nicht verfilmt wird?«

»Dann ist es wertlos.«

»Warum?«

»Wem nützt ein Drehbuch, das kein Film wird?«

»Gefällt es Ihnen denn nicht?«

»Doch, schon, aber seine Existenzberechtigung hängt doch von der Funktion ab: Es soll ein Film werden.«

»Was passiert, wenn der Film gedreht wird und niemand ihn anschaut?«

»Das wäre … doof, aber dann hätte ich zumindest die Chance gehabt, die Geschichte umzusetzen. Wenn ich erst mal die Chance bekomme …«

»Dass Ihr Drehbuch ohne Leistung und Applaus gut ist, können Sie sich nicht vorstellen?«

»So denke ich nicht darüber nach.«

»Wie wertvoll fühlen Sie sich, wenn Sie nichts leisten, nichts verdienen, so wie gerade?«

»Ich leiste doch!« Ich war entsetzt. »Ich schreibe Tag und Nacht!«

»Das glaube ich Ihnen, aber Sie kommen doch nicht weiter – das haben Sie selbst gesagt, Sie sind besorgt gewesen, dass Ihre Geschichte nicht verfilmt wird und damit nichts wert ist. Wie wertvoll fühlen Sie sich gerade?«

»Ich weiß wirklich nicht, was das mit dem Zuspätkommen zu tun hat!«

Ich fühlte einen Kloß in meinem Hals aufsteigen, einen seltsamen, drückenden Emotionskloß. Ich fühlte mich emotional ausgeliefert, auf der Platte serviert, wie damals, bei dem Psychologen im Kinderkrankenhaus mit dem Spiralblock auf dem Schoß, der mich fragte, ob ich traurig bin, dass meine Mutter krank ist.

Ich spürte die gleiche Wut, die ich auf meine Mutter empfand, wenn sie nicht verstehen wollte, dass ich mein Leben anders als sie gestalten und trotzdem erfolgreich sein könnte. Ich spürte die Wut auf ihr Rumgewackel und ihre Schwindelattacken.

Ich spürte die Angst, genauso wie sie zu werden.

»Hatten Sie Angst, dass Sie die Zeit, die Sie in das Gelingen Ihres Drehbuchs investieren könnten, hier verschwenden?«

»Das würde ich so nicht sagen. Man hat so einen Flow beim Schreiben, es ist immer schwierig, den zu unterbrechen, egal, was gerade anliegt.«

Der Kloß wurde größer, das Sprechen fiel mir schwer.

Als ganz kleines Kind war ich eine Heulsuse gewesen, jede Kleinigkeit hatte mir die Tränen in die Augen getrieben. Sobald ich weinte, kam meine Mama, jedenfalls solange sie noch kommen konnte. Danach wartete ich wohl immer noch, dass irgendjemand kommen würde. Irgendwann, als ich merkte, dass niemand kam, hörte ich dann auf zu weinen. Ich weinte jahrelang keine Träne. Nicht bei Trauer, nicht vor Rührung, einfach nie. Empfindlich sein wollte ich um keinen Preis. Lieber *tough as nails*.

Und jetzt dieser Kloß. Ärgerlich.

»Wieso glauben Sie, dass Sie nichts wert sind, wenn Sie nichts leisten?«

Weil meine biologische Mutter mich auf die Straße gestellt hat? Weil meine Adoptivmutter vor Angst nicht mehr kam, wenn ich weinte? Weil meine Pflegeschwester meinetwegen in eine ziemlich unsichere Zukunft in Heimen geschickt wurde?

Kein Wort. Ich kriegte kein Wort raus. Ich schwieg. Mein Gesicht schmerzte, die aufsteigenden Tränen brannten in meinen Augen. Ich würde stark bleiben. Was wusste Frau Kessler schon von meinem Drehbuch?

»Jeder Mensch ist wertvoll. Ihr Drehbuch ist wertvoll, denn Sie sitzen Tag und Nacht, wie Sie selbst sagten, und schreiben daran. Den großen Erfolg, den Sie sich erträumen, können Sie nicht steuern. Der kommt oder nicht, wie bei Sterntaler. Ihr Wert aber definiert sich nicht über das, was die Gesellschaft als Erfolg definiert.«

Ich heulte nun, nach Jahren, das erste Mal wieder. In der Analyse.

Verdammte Psychotricks.

Auch wenn der Erfolg nicht meinen Wert definierte, so zahlte er eben doch meine Miete. Vielmehr, er hätte es sollen.

Mein Drehbuch wurde nicht verfilmt. Ich legte einen Ausdruck in einen hübschen Fotopapierkarton und packte ihn (und meine Filmambitionen) zu den Akten. Ich hatte es fertiggeschrieben, in diversen Versionen, ich hatte es zu Ende gebracht. Frau Kessler hatte recht: Allein das machte es wertvoll. Jetzt konnte ich weitergehen.

Ich wurde Musikjournalistin. Zwar konnte ich von den kleinen Honoraren meinen Lebensunterhalt nicht bestreiten, aber die Interviews und Artikel gaben meinem Alltag eine neue Struktur, und sie machten mir Spaß.

Über eine Freundin lernte ich ein paar Berliner Theatermacher kennen, unter ihnen den großen, oft von Angst durchdrungenen Künstler Christoph Schlingensief. 2004 arbeitete ich ein paar Monate mit ihm an der Volksbühne und sah, erkannte zum ersten Mal: Aus Angst kann etwas ganz anderes erwachsen als Depression und Krankheit. Kunst nämlich, Inspiration und Antrieb.

Der Kreativdirektor einer Berliner Werbeagentur heuerte mich als freie Texterin an, ich flog mit ihm nach Buenos Aires und Los Angeles, um einen (für die Agenturgröße oder eben auch Nicht-Größe) überproportionalen Werbespot zu drehen. Auch er war von Angst getrieben, auch er nutzte seine Angst als Hyperantrieb. Angst konnte nicht nur schützen und erhalten, sondern auch vorantreiben. Gerade diese seltsame Mischung aus Angst und Mut, Mut aus Angst schien enorme Kräfte in kreativen Menschen freizulegen.

Als die Analyse nach zwei Jahren endete, blieb die Frage: Bin ich geheilt?

»Wie fühlen Sie sich denn?«, dachte ich mir Frau Kesslers Stimme im Kopf.

Besser, antwortete ich mir selbst, *ich phantasiere nicht mehr davon, nachts in Kioske einzubrechen, um Junkfood zu klauen – ein klarer Fortschritt. Nur einsam fühle ich mich immer noch, seltsam einsam und verlassen.*

Von wem?

War ich nicht diejenige gewesen, die den Kontakt zu ihren Eltern abgebrochen hatte?

Aber schon bald passierte etwas, das mich erkennen ließ, womit ich es zu tun hatte.

Es war das Ende einer lauen Sommernacht. Ich stand mit einem Freund, Dirk, in der Morgendämmerung vor der Haustür meiner alten Wohnung im Prenzlauer Berg. Zu diesem Zeitpunkt war der Begriff *Pregnancy Hill* bereits in den Medien aufgetaucht, das heißt, die Wandlung des ehemaligen Künstlerviertels im alten Osten Berlins war bereits in vollem Gange.

Angst musste man nachts auf der Straße nicht haben, das Viertel galt als absolut sicher. Entsprechend unbekümmert fühlten wir uns, als wir im gerade grauenden Morgen vor meiner Haustür standen und über den Abend sprachen.

Es waren noch vereinzelt Menschen auf der Straße, die letzten Gäste aus den umliegenden Cafés, und in unsere heiter-angetrunkene Diskussion mischte sich ein junger

Mann, der uns bereits eine Weile lang beobachtet hatte, nur wenige Jahre jünger als ich. Er trug eine weite Shorts, ein XXL-T-Shirt und eine Baseball-Kappe. Hätte ich ihn irgendwo kulturell verorten müssen, wäre ich wahrscheinlich am ehesten auf Hip-Hop gekommen, aber richtig klare Zeichen setzte er mit seinem Aufzug nicht. Auch sonst gab es keinen Grund zur Sorge, und keinen Grund, *nicht* weiter auf ihn einzugehen.

Freundlich fragte er uns, wo wir denn herkämen – Mönchengladbach (Dirk), Osnabrück (ich), er selbst kam von hier, aus Berlin. Die Konversation dümpelte eine Weile vor sich hin, bis er sich wieder mir zuwandte:

»Jetzt sag' mal echt: Wo kommst du denn her?«

»Osnabrück. Das ist zwischen Bremen und Köln, im tiefen Westen.«

»Und deine Eltern?«

»Meine Mutter ist Osnabrückerin und mein Vater ist in Westberlin aufgewachsen.«

Konversationen wie diese, mit völlig fremden Menschen, hatte ich immer als Teil des Nachtlebens begriffen und geschätzt: So, als würden die Regeln der Ausgehkultur die generellen Grenzen und Vorbehalte zwischen Fremden aufheben.

Nur mein Freund Dirk schien plötzlich keine Lust mehr auf Small Talk zu haben.

»Es ist ganz schön spät, ich glaub', das reicht jetzt für heute«, murmelte er und schob mich in Richtung Haustür. Der Typ aber blinzelte ihn an und sagte:

»Wirklich enttäuscht bin ich eh nur von dir. Dass du dein schönes deutsches Blut mit ihr vermischen musst.«

Ich stand also vor meiner Haustür am Helmholtzplatz und wurde von einem Neonazi in Hip-Hop-Klamotten blöde angepöbelt, weil ich zwar Deutsche bin, in seinen Augen aber eben nicht so aussah und deswegen anscheinend nicht das Recht hatte, mich so zu nennen.

Dirk schob mich weiter Richtung Haustür (»So, es reicht«) und der Typ pöbelte weiter. Seine Gebärden, sein Auftritt waren jetzt auch nicht mehr höflich, sondern rundheraus aggressiv und feindselig.

Ich kochte vor Wut. Ich war absolut bereit, mit voller Breitseite in die Konfrontation zu gehen (»Was willst du denn? Was glaubst du, wer dein Arbeitslosengeld bezahlt?!«). Dirk griff nach meinem Haustürschlüssel, schloss die Tür auf, schob mich in den Hauseingang und knallte die Tür zu. Ich protestierte (»Hey, ich lauf' grad erst warm, was für ein Arschloch …«).

Dirk schob mich in meine Wohnung und ging. Ich war immer noch wütend. Hätte der Typ mich angegriffen und hätte ich es überlebt, hätte ich ihm vor Gericht die Hölle heißmachen können. So deeskaliert, wie es nun abgelaufen war, konnte ich nirgendwo hin mit meiner Wut.

Wenig später erhielt ich eine lange E-Mail von Dirk: über seine Feigheit. Darüber, dass er das Gefühl gehabt hatte, der Kerl habe ein Messer in der Tasche gehabt. Darüber, dass er sich total mies fühlte, weil er nichts getan hatte, um das Nazi-Arschloch in seine Grenzen zu weisen. Er habe schlicht und ergreifend zu viel Angst gehabt.

Meine Eltern hatten sicherlich keine Nazi-Attacken vor Augen, als sie sich in den siebziger Jahren entschlossen, ein Kind zu adoptieren. Vielmehr verstanden sie die Adoption als einen aufrichtigen Akt der Nächstenliebe.

Eine Bekannte meiner Mutter hatte in den frühen siebziger Jahren über das in Osnabrück ansässige Kinderhilfswerk *Terre des Hommes* zwei Kinder adoptiert, die der Hamburger Trockenfrachter *Cap Anamur* aus dem chinesischen Meer gerettet hatte.

Über 11 000 zivile Kriegsflüchtlinge, sogenannte Boat People, rettete die *Cap Anamur* zwischen 1979 und 1987. Initiator war der verstorbene deutsche Journalist Rupert Neudeck, der selbst als Kind 1945 mit seiner Mutter und seinen Geschwistern aus Danzig flüchten musste. Das Komitee »Ein Schiff für Vietnam« gründete er mit dem Schriftsteller Heinrich Böll.

Ich las das Ganze mal nach. Zu seiner Motivation erklärte Neudeck da: »Ich möchte nie mehr feige sein. *Cap Anamur* ist das schönste Ergebnis des deutschen Verlangens, niemals wieder feige, sondern immer mutig zu sein.«

Als feige konnte man meine Eltern auch nicht bezeichnen. Sie durchliefen den Auswahlprozess und wünschten sich ein Mädchen aus Südkorea, weil diese als »gut integrierbar« galten. Über das Land wussten sie nichts. Als sie mich adoptierten, war es so arm wie heute die ärmsten Länder Afrikas.

Die Zerstörungen des Krieges hatten es seit 1950 quasi dem Erdboden gleichgemacht. Allein die US Airforce hatte 400 000 Tonnen Sprengbomben und 32 500 Tonnen Napalm über Korea fallen lassen, Südkorea verlor in den Auseinandersetzungen über eine Million, Nordkorea über 2,5 Millionen und China 1 Million Soldaten und Zivilisten.

In den Waffenstillstandsverhandlungen 1953 wurde die bereits 1945 auf der Konferenz von Jalta beschlossene Teilung Koreas entlang dem 38. Breitengrad bestätigt. Seitdem hatte es politische Unruhen gegeben.

Der extrem konservative erste Präsident Südkoreas, Rhee Syng-man, hatte den Fortschritt verweigert und versucht, das Land wieder zurück zur Agrarwirtschaft zu führen. Am 16. Mai 1961 dann putschte der relativ unbekannte General Park Chung-hee sich ins Präsidentenamt, nur ein Jahr später änderte er die Verfassung, um dem Präsidenten (sich selbst) größere, politische Macht zuzuerkennen.

Park etablierte eine marktoffene Militärdiktatur, von Ökonomen als »Entwicklungsdiktatur« bezeichnet. Eine absolute Regierungsform also, die Staat und Wirtschaft miteinander verknüpft. Die Folge: Wirtschaftswachstum und Menschenrechtsverletzungen.

Tatsächlich erhöhte Park in den 18 Jahren seiner Herrschaft das Pro-Kopf-Einkommen um das 20-Fache, aber um den Preis der Freiheit. Viertausend Südkoreaner verschwanden spurlos, wurden gefoltert und eingesperrt. Dennoch, der Wohlstandsplan ging auf. Bis heute ist kein Land der Welt so schnell reich geworden wie Südkorea. Mittlerweile werden aus Afrika und Südasien Studenten in das ostasiatische Land geschickt, um das Erfolgsgeheimnis zu erforschen.

2015 stand Südkorea auf Platz 11 der Liste der Länder

mit dem höchsten Bruttoinlandsprodukt, vor Russland, Australien, Brasilien, der Türkei, den Niederlanden und Schweden. Doch bevor Samsung von der koreanischen Halbinsel die Welt eroberte, waren tatsächlich Babys das Hauptexportprodukt Südkoreas gewesen. Seit 1953 sind über 200 000 Waisenkinder aus Südkorea in die Welt adoptiert worden. Die meisten in die USA, nach Schweden und Deutschland.

Man kann heute immer noch Kinder aus Südkorea adoptieren, aber nicht mehr über *Terre des Hommes*. Das Kinderhilfswerk stellte 1994 die Vermittlung von Auslandadoptionen ein. Die Hilfsorganisation zieht es mittlerweile vor, den Kindern vor Ort zu helfen.

Gen- und Neurowissenschaften gehen heute davon aus, dass, egal wo jemand auf der Welt geboren ist, entscheidend für die Prägung die Kultur ist, in der er in den ersten 20 Jahren aufgewachsen ist. Sollte das stimmen, bin ich so deutsch wie Bratwurst, Bier und Sauerkraut. Und mein Nazi-Freund hätte unrecht: Sein schönes Deutschland wäre dann auch kulturell mein schönes Deutschland, sogar ohne die Steuern einzurechnen, die ich hier zahle, ohne meinen deutschen Pass und ohne meine urdeutschen Eltern.

Trotzdem musste ich mich immer wieder für meine phänotypische Andersartigkeit rechtfertigen. Ist die Farbe meiner Haut und die Form meiner Augen wirklich so entscheidend? Warum macht das Fremde eigentlich solche Angst? Ich wusste es nicht. Aber wenn ich ehrlich war, musste ich zugeben, dass es mir genauso ging: Das Fremde in mir machte mir Angst.

Das Fremde stellt die eigene Lebensweise in Frage. Mein koreanisches Gesicht widersprach in den Augen anderer meiner norddeutschen Herkunft. Norddeutsche sehen nicht so aus wie Koreaner. Sie sprechen auch nicht wie Schwaben, und sie essen lieber Hering in Sahnesoße als Grillhaxe mit Knödeln.

Kurz vor der Nazi-Attacke vor meiner eigenen Haustür hatte der ehemalige rot-grüne Regierungssprecher Uwe-Karsten Heye ein Radiointerview gegeben, in dem er sagte: »Es gibt kleinere und mittlere Städte in Brandenburg und auch anderswo, wo ich keinem, der eine andere Hautfarbe hat, raten würde hinzugehen.«

Ich hatte es nicht gehört, aber die sich anschließende Debatte verfolgt. Sofort hatte es Protest gehagelt. Verunglimpft habe Heye das Land und seine Einwohner.

Ich sah es anders. Im Sommer vor meiner Nazi-Begegnung hatte ich eine Freundin in ihrer Datsche in Brandenburg besucht und mich auf dem Weg dorthin beäugt, bestenfalls geduldet gefühlt. Am Kiosk verkaufte man mir wortlos und widerwillig eine Cola, der Schaffner am Bahnhof ignorierte meine Frage nach einem bestimmten Zug. Ob diese Unfreundlichkeit rassistisch begründet war, kann ich nicht sagen, aber meine Freundin, die aus Mecklenburg-Vorpommern stammt, wurde, wie sie erzählte, in ihrer Region grundsätzlich menschlich begrüßt, bedient und informiert.

Kurz darauf, vor dem Beginn der Fußballweltmeisterschaft in Deutschland im Jahr 2006, kochte die Rassismus-Debatte erst richtig hoch. Ein kurdischer Abgeordneter der Linkspartei war im Berliner Stadtteil Lichtenberg von

Neonazis zusammengeschlagen worden. Daraufhin flammte aus Sorge um die ausländischen Gäste zur Fußball-WM eine Diskussion um sogenannte No-go-Areas auf – Orte, die besonders farbige Besucher in Deutschland meiden sollten.

Im Zuge der No-go-Areas gestand mir eine Freundin, dass sie tief in sich die Angst vorm »Schwarzen Mann« pflegte.

»Hast du schon mal mit einem Schwarzen zu tun gehabt?«, fragte ich.

»Nein«, antwortete meine Freundin.

Ich dachte an meine afroamerikanischen Freunde aus meinem Austauschjahr, Reno St. Hill, mein Prom-Date, Hank Willis Thomas, der renommierter Künstler geworden ist und in der ganzen Welt ausstellt. Nichts an ihnen ist beängstigender als an irgendwem sonst.

Obwohl es mir damals essstörungsbedingt langsam besser ging, wurde ich immer deprimierter. Eines Tages kratzte ich meine verbliebenen 1000 Euro zusammen und buchte mir einen Flug nach Südkorea.

KOREA

Heute, im Jahr 2016, steht Südkorea für Smartphones, Gangnam-Style, K-Pop und Schönheitswahn. Als ich hinfuhr, kannte man Südkorea vor allem aus dem Fernsehen, ebenfalls wegen der Fußballweltmeisterschaft, die vier Jahre vor Berlin in Seoul stattgefunden hatte.

Samsung war damals noch die traurige, kleine Cousine von Sony, und der heute allgegenwärtige Name BiBim-Bab – ein in Berlin-Mitte beliebtes Reisgericht – klang wie ein Schlaflied für Kinder, auch für mich, die ich kein Wort Koreanisch sprach.

Noch daheim hatte ich eine ebenfalls in Deutschland lebende südkoreanische Künstlerin kennengelernt, wir hatten uns angefreundet, sie kam mit und wurde meine Übersetzerin.

Meine Eltern, die die Idee mit der Südkoreareise unterstützten (weil sie Verantwortung für mich auf ein fremdes Land umschichten konnten?), hatten unmittelbar vor der Reise noch ein paar Akten rausgerückt, die ich niemals zuvor gesehen hatte. Aus ihnen ging zum Beispiel hervor, dass ich nicht in der Hauptstadt Seoul, sondern in einer Stadt namens Deagu geboren und im Kinderheim gewesen war.

»Warum habt ihr mir das denn nicht früher gesagt?«

»Woher sollten wir wissen, was Deagu oder Seoul ist?«

»Vielleicht hättet ihr mir das überlassen sollen!«

»Wahrscheinlich. Aber du hast dich nie sonderlich interessiert …«

In Seoul angekommen, nahm ich Kontakt zu Holt, *Terre des Hommes'* Internationaler Partneragentur in Korea, auf. Tatsächlich unterhält Holt ein Informationszentrum für erwachsene Adoptierte, die, wie ich, nach Korea reisen und sich auf die Suche nach ihren Wurzeln begeben. Viele klagen über Depressionen, über das Gefühl des »Nicht wirklich Dazugehörens« und massive Ängste vor dem Verlassenwerden.

Mittlerweile leben Tausende Adoptierte wieder in Korea, und die erste Anlaufstelle für Heimkehrende war auch meine: das KoRoot-Gästehaus in Seoul. Ein Pastor führte die Jugendherberge in einer hübschen Villa in Nordseoul. Für 15 Euro pro Nacht bekam man eine Übernachtung in einem Mehrbettzimmer.

Die Betten neben mir mieteten Vicky, eine Adoptierte aus Deutschland, die seit Monaten auf der Suche nach ihrer Mutter war, und Amy, eine amerikanische Krankenschwester, die ihre Mutter bereits gefunden hatte, sich null besser fühlte seitdem (»Sie hat mich gefüttert – what the fuck?«), aber irgendwie hier hängengeblieben war.

Überhaupt waren die meisten Bewohner im KoRoot Langzeitmieter, die in einer Welt zwischen ihren Heimatländern und Südkorea existierten. Ihr *Tribe* waren die anderen Adoptierten, obwohl sie außer ähnlichen Startbedingungen wenig gemeinsam hatten. Mein Tribe waren sie jedenfalls nicht. Egal, wie verloren ich mich oft fühlte, so schlimm war es auch wieder nicht.

»Adoptiert sein« konnte, sollte, durfte nicht meine Lebensrolle werden, nicht die Identität, die ich vor mir hertragen wollte. Die Adoption war über meinen Kopf entschieden worden. Ein Haufen fremder Erwachsener hatte ein Urteil über mich gesprochen, über meine Zukunft. Das gesellschaftlich Erfreuliche (Kind wächst in einem reichen Land statt in Armut als Waise auf) und das persönlich Bereichernde (Familie wird um ein Kind erweitert) hatte sich ohne meine Erlaubnis entwickelt. Und weder die Gesellschaft (»du hast doch so viel Glück gehabt«) noch die Familie (»wir sind doch deine Familie, basta!«)

hatten es mir erlaubt, den Verlust meiner unbekannten, biologischen Familie abzutrauern. Und ich war wieder mal nicht die Einzige, nur dauerte es noch ein paar Jahre, bis ich das schwarz auf weiß sah: Erst 2009 führte das Donaldson Adoption Institute die erste Studie unter koreanischen Adoptierten in den USA durch, die mit weißen Eltern groß geworden sind. 75 Prozent sahen sich selbst als weiß oder wollten als Kinder weiß sein. Die meisten hatten Rassismus erlebt.

Immerhin bekam ich in Korea die Klarheit darüber, dass ich sie niemals finden würde. Im politischen Chaos der siebziger Jahre war die Aufzeichnung von Geburten nicht an der Tagesordnung. Auch Personalien von dem Mann, der mich an einer Verkehrskreuzung in Daegu gefunden und mich zur Polizei gebracht hatte, wurden entweder nie aufgenommen oder gingen verloren.

Ich besuchte Daegu und das Waisenhaus, nur war es keines mehr, sondern ein vornehmer, privater, katholischer Kindergarten. Immerhin wurde der immer noch von den gleichen Nonnen geführt wie damals, und die Äbtissin erklärte mir, dass es Aufzeichnungen gegeben hätte, die aber in den achtziger Jahren zusammen mit anderen Unterlagen bei einem großen Feuer zerstört wurden:

»I am so sorry«, sagte sie.

Wieder Feuer. Oder vielmehr: Asche für mich.

ENTSORGUNG

Da es keine Aufzeichnungen mehr gab, so folgerte ich, müsste ich sie wohl selbst erstellen.

Zu Hause in Berlin fing ich an, ein Buch über meine Reise nach Korea zu schreiben, über die Identitätssuche, die politischen Zusammenhänge, den Erklärungsversuch und die unlösbaren Konflikte der erwachsenen Adoptierten.

Noch in Korea hatte ich angefangen, mir Notizen zu machen, nunmehr saß ich jeden Tag an meinem Schreibtisch und verarbeitete meine Reise.

Das Loch, das die unterbrochene Elternliebe in mir hinterlassen hatte, hatte schon in Südkorea angefangen, sich zu schließen – in dem Augenblick, als ich verstand, dass ich dort nichts finden würde. Das, was ich verloren hatte, meine biologische Mutter, konnte das Land mir nicht mehr zurückgeben.

Das Buch, das ich dann über die Reise schrieb, hatte zwei Funktionen. Dokumentation Überleben – ich hatte einen Verlag dafür gefunden und bekam ein Honorar. So wurde Schreiben und Veröffentlichen gleichsam Existenzbeweis und -sicherung. Solange ich veröffentlichte, solange ich Texte oder gar ein Buch von mir lesen konnte, existierte ich. Es gab mich wirklich. Und ich schrieb – ich konnte meine Arbeit in der Zeitung lesen.

Ich zog in eine kleine, unsanierte Altbauwohnung in Mitte – sie kostete für 85 qm 375 Euro Miete im Monat. Gas/Gamat- und Ofenheizung, improvisiertes Bad, bröckelnde Fassade. Im Flur prangte ein Loch in der Tapete, irgendein Vormieter hatte wahrscheinlich einen Spiegel direkt auf die Wand geklebt, so dass beim Entfernen des Selbigen der halbe Putz mit abbröckeln musste.

Die Wände waren mit Schwammtechnik in wilden Farben angemalt, das Bad türkis, das Schlafzimmer hellblau, die beiden durch eine schwere Flügeltür verbundenen, vorderen Zimmer in Aprikose und Flaschengrün – die offenen Rohre im Bad, die weichen Stellen unter dem Linoleum in der Küche, alles vernarbte Spuren ehemaliger Bewohner, die ihre Denkmäler gepflegt hatten und mich daran erinnerten, dass ich nicht die Erste hier war und niemals die Letzte sein würde. Dass wir alle mit den Spuren der Vergangenheit zu leben lernten.

Ich strich die Zimmer weiß und stellte nur ein Bett, ein Sofa und einen Schreibtisch hinein (mehr hatte ich auch nicht). Noch nie hatte ich mich irgendwo so wohl und zu Hause gefühlt. Ich hatte meinen Platz gefunden.

Mit meinen Eltern sprach ich schon seit längerem wieder. Zwei Faktoren hatten mich schon vor der Reise, nach nur ein paar Wochen Abstand zurückgebracht: bittere Wut (»Warum habt ihr mich überhaupt adoptiert?!«) und große Not (»Ich kann meine Miete nicht mehr bezahlen«). Ich konnte sogar beides verknüpfen (»Ihr habt mir das alles eingebrockt, also müsst ihr mir jetzt auch helfen!«).

Eine weitere Therapeutin, Frau Mühle, Verhaltenspsychologin, würde mir das Prinzip von Reibung in Beziehungen erklären. Sie würde mich zwingen, unter großem Widerstand, meine Hände nebeneinanderzuhalten und zu sagen:

»Das ist eine harmonische Beziehung. Sehen Sie?«

»Was!?«, würde ich zurückpampen, während ich meine Hände nebeneinanderhielt.

»Nichts. Und jetzt reiben Sie Ihre Handflächen aneinander. Reibung erzeugt Wärme. Und Wärme hält eine Beziehung am Leben. Reiben Sie. Gehen Sie Konflikte ein. Sie werden sehen, dass echte Beziehungen das aushalten …«

Ich sprach also wieder regelmäßig mit meinen Eltern, vielleicht ein Mal pro Woche – mit meinem Vater wechselte ich kaum mehr als ein paar Worte, bevor er mich an meine Mutter weitergab, die gern bis zu einer Stunde auf mich einredete. Wir sprachen niemals über Ängste. Nachdem sie sich gebessert hatten, wurden sie nun das Menetekel – würde man es aussprechen, kämen sie zurück. Also ließen wir sie dort, im Verborgenen, im Unterbewusstsein. Kein guter Ort, um eine tickende Zeitbombe zu verstecken.

Stattdessen ging es vor allem um mich und wie ich in allem versagte.

Meine Mutter hatte sich eines Tages mit meinem Vater tatsächlich bis nach Berlin getraut, um meine Wohnung zu inspizieren. Nach 30 Sekunden war klar: Sie mochte sie nicht. Mit einer Mischung aus Scham und ehrlichem Mitleid beklagte sie den Zustand des Hauses, in dem ich nun leben »müsste« und von dem sie sich »ganz sicher« war, dass ich in naher Zukunft woanders wohnen würde.

Die nahe Zukunft würde in zehn Jahren kommen, und es würden die zehn glücklichsten Jahre meines Lebens werden. Bereits im darauffolgenden Winter fühlte ich mich, vielleicht zum allerersten Mal überhaupt, im Erwachsensein angekommen. Das Leben erschien mir weder geborgt noch gefälscht. Und mit der Zeit spürte ich den Stachel der Skepsis meiner Eltern nicht mehr so sehr.

Nach und nach verschwanden auch die Symptome meiner Bulimie gänzlich. Ich nahm zu. Ich aß, was ich wollte und wann ich es wollte. Die gesündere Version von mir war sieben Kilo schwerer, sie trug Bootcut Jeans, Trenchcoats und Converse-Schuhe. Und siehe da, sie fühlte sich leichter und freier als die dünne Frau auf den schwindelerregend hohen Absätzen.

Ich passte nun nicht mehr in meine winzigen Kleidchen von Miu Miu, die ich für meine ersten Gagen gekauft hatte. Zunächst hatte ich sie im hinteren Winkel meines Kleiderschranks versteckt, für den Tag, an dem ich doch wieder dünn genug sein würde, um sie anzuziehen. Eines Tages aber holte ich sie hervor und breitete sie auf meinem Bett aus. Ein Rock aus violettem Brokat, ein schwarzes Seidenkleid mit Blumen, eine orangefarbene Wickelbluse, ein cremefarbenes Cocktailkleid, alle in Größe 32.

Ich sah sie alle noch mal genau an. Ich wäre so gern die Frau gewesen, die in solchen Kleidern, auf Stilettos über aufgesprungene Pflastersteine der Ostberliner Bürgersteige tippelte, die jung und glamourös im Handumdrehen ihr Leben meisterte. Was da lag, waren Hüllen, und ich liebte jede einzelne sehr – doch ich hatte mich damit verkleidet, in eine andere Miriam, eine perfektere.

Es war an der Zeit, sich zu verabschieden. Ich würde aufhören, darauf zu warten, wieder dünn zu werden. Ich raffte die Kleider zusammen, packte sie in eine Tasche. Und verschenkte sie bei der nächsten Gelegenheit an ein paar Teenies aus der Nachbarschaft.

CAMILO

Im Februar, 2008. Ich war zum Geburtstag einer Freundin eingeladen, in eine schmierige Karaoke-Bar in Kreuzberg. Mir ging es zu diesem Zeitpunkt ziemlich mies. Ich hatte Bronchitis und bekam kaum Luft, hustete in suppendicken Schwaden von Zigarettenrauch und stand vor der Entscheidung, mich ins Bett zu legen und gesund zu werden oder auszugehen, es richtig krachen zu lassen und anderntags weiterhin krank zu sein.

Ich dachte mir: Fuck it. In wenigen Wochen werde ich dreißig, warum nicht noch mal so richtig die Sau rauslassen? Eine, wie sich herausstellen sollte, absolut richtige Entscheidung, eingeleitet von einer Flasche Wodka und einem Tablett voller Shots, denn irgendwann in den frühen Morgenstunden landete ich in einer Rauchpause (ja, ich rauchte trotz Bronchitis, ich war ja noch 29) neben einem Musik-Promoter, den ich ein Jahr zuvor schon einmal kennengelernt hatte. Er hatte mir einen Kontakt zu einer Zeitung gemacht.

»Ich wollte dich ja immer mal zum Essen einladen, als Dankeschön«, krächzte ich ihn an.

»Ach was«, antwortete er.

»Wieso denn nicht? Wär' doch nett. In Deutschland darf man sich für nix richtig bedanken …«

»Ich bin kein Deutscher, also meinetwegen …«

Ich sah ihn abwartend an. Braune Haare, Sommersprossen, grüne Augen – sah nicht gerade fremd aus, der Mann.

»Du bist kein Deutscher? Wo kommst du denn her?«

»Aus Chile. Ich weiß, ich seh' nicht so aus, das musst du jetzt gar nicht sagen. Ist aber so.«

»Daher der Name …«

»… daher der Name, Camilo nach Camilo Cienfuegos, dem kubanischen Revolutionär.«

»Sprichst du Spanisch?«

»Si, naturalmente!«

Wie ich war auch er als Kind nach Deutschland gekommen, als Sohn von Exilchilenen, politischen Flüchtlingen. Der Großteil von Camilos Vorfahren aber stammte aus Europa, aus Wales, England und der Schweiz.

Entsprechend war er weißer als weiß, käsig sozusagen. Bei ihm war es also genau umgekehrt: Während ich mich deutsch fühlte und asiatisch aussah, sah er europäisch aus und fühlte sich chilenisch.

Mich faszinierte sein offensiver Umgang mit seiner Geschichte, außerdem sang er später an diesem Abend noch überaus gekonnt Balladen von David Bowie und den Foo Fighters ins Karaoke-Mikrofon.

Drei Monate später zog Camilo in meine Wohnung in Mitte ein. Und ich verlor die sieben Kilo, die ich postbulimisch zugelegt hatte, wieder. Ganz ohne Diät oder gar Essstörung.

Ich stellte Camilo meinen Eltern im mittlerweile nicht mehr existenten Restaurant Schwarzenraben in Mitte vor. Meine Mutter fing weder zu schwanken noch zu zittern an. Allerdings unterhielten sie und mein Vater sich die ganze Zeit darüber, dass das Essen meiner Mutter zu Hause so viel besser schmeckte als in diesem Restaurant.

Camilo schien ihr Gezänk egal zu sein. Charmant manövrierte er sich und uns durch den Abend. Und sie mochten ihn, das sah ich.

Daraufhin passierte etwas Unvorhergesehenes: Meine Eltern zogen sich zurück. Sie ließen mich in Ruhe, fragten nicht mehr nach, wovon ich lebte, hörten auf, ihre Ängste auf mich zu projizieren. Jahre später verstand ich es. In dem Moment, wo ein Mann mit einer Festanstellung in mein Leben gekommen war, endete ihre elterliche Aufgabe. Meine Probleme waren jetzt Camilos Probleme. Aus der Tochter war (zumindest fast) eine Ehefrau geworden.

Sie waren raus.

4

ERFAHREN, WER MAN IST

UND WIE MAN STIRBT

DAS EXPERIMENT

Meine Eltern gehörten wie gesagt einer freikirchlichen Gemeinde an. Keine Sekte zwar, aber doch eine gemäßigt fundamentalistische, evangelikale Glaubensgemeinde. Man nennt die Mitglieder auch Baptisten, und sie sehen es als ihre moralische Verpflichtung an, andere von ihrem evangelikalen Glauben zu überzeugen.

Obwohl ich gefühlte Millionen von Stunden in der »Sonntagsschule«, dem Kindergottesdienst, verbracht habe und die Lieder dort mir bis heute so penetrant wie alte Werbespot-Liedchen im Ohr verblieben sind, war es trotzdem niemandem gelungen, mich von dieser Kirche zu überzeugen.

Vielleicht, weil die Angst meiner Mutter uns in entscheidenden Augenblicken isolierte. Vielleicht, weil ich aus Prinzip alles anders machen und sehen wollte als sie.

Von der wandernden, buddhistischen Seele bis zum paradiesischen Jenseits geht es in allen Religionen um die Vorstellung, dass sich am Ende etwas Transzendentes aus unseren alten, krankheitsanfälligen, weltlichen Körpern löst. Auch die Baptisten glauben an die Lehre vom vergänglichen Fleisch und der unsterblichen Seele. Dieses Leben ist nur ein Übergang, die Erfüllung offenbart sich erst, wenn man »heimgegangen« ist, also nach dem Tod.

Ich fand das erste Mal eine mir plausible Daseinsformel, als ich las, wie René Descartes die Trennung von *res cogitas* und *res extensa* beschrieb: Jedes Leben endet, aber mit einer Art extrahierbarer Seele eben doch nicht für immer. Bewusstsein ist also, dem, tja, Himmel sei Dank, nicht von einem zerbrechlichen Körper abhängig, der kraftlos und träge wird, sich nicht zum Sport motivieren kann, dessen Nackenmuskeln sich nach jedem Jahr vor dem Computer ein bisschen mehr verhärten, dessen Haare die Farbe verlieren und dessen Zähne brüchig werden, der gewaschen, gepflegt und verstoffwechselt und in Kleider und Schuhe gesteckt werden muss.

Wohin wir gehen, konnte ich mir mit der Philosophie erklären. Woher wir kommen? Das war in meinem Fall schon schwieriger.

Nachdem ich die Suche nach meinen leiblichen Eltern aufgegeben und mein Buch fertiggeschrieben hatte – es würde im Herbst 2008 erscheinen –, konnte ich mir endlich sicher sein, dass es niemals Klarheit geben würde. Es gab keine Wahrheit, die ich ausheben musste, keine Mutter, die darauf wartete, gefunden zu werden. Es gab nichts, und endlich konnte ich diese Tür schließen.

Allerdings gab es, so hatte ich aus den Wissenschaftsteilen der Zeitungen gelernt, in mir noch eine Spur, die ich verfolgen konnte. Eine, die nicht in der Hand von Bürokraten oder Hilfsorganisationen lag, sondern in der von Forschern.

Ich hatte einige Jahre zuvor wie so viele morgens die *FAZ* ausgebreitet und darin eine gigantische Partitur entdeckt, eine Experimentaloper in Überlänge, die sich über das gesamte Feuilleton erstreckte: einen Teil des entschlüsselten menschlichen Genoms.

Genetik kannte ich wie die meisten Normalsterblichen nur aus dem Kontext der Forensik, Verbrechensbekämpfung und Krankheitsfrüherkennung. Und nun, so stand in dem Artikel, war es nach elf Jahren Recherche dem Genetiker, Biologen und Zoologen Craig Venter gelungen, sein vollständiges Genom, alle 3 Milliarden Buchstaben in 20 000 Genen, auf 23 Chromosomen zu sequenzieren.

Venter verkündete damals: »Die Menschheit kann von nun an ihr Leben selbst in die Hand nehmen.« Seine Erkenntnisse schienen das, was Descartes gefolgert hatte und all die Religionen beschrieben hatten, schwarz auf weiß zu belegen. Damals veränderte sich die medizinische Landschaft und das menschliche Selbstverständnis, auch meines.

Nachdem ich wusste, dass über meine Vorfahren auf herkömmlichem Wege nichts herauszufinden war, war das einerseits erleichternd. Die Verhandelbarkeit meines Lebenswegs hatte im ausgebrannten Aktenraum in meinem ehemaligen Kinderheim in Daegu geendet – es gab nur diese Realität, kein Schattenleben, kein Paralleluniversum.

Andererseits bezog ich Artikel, die von Gendefekten oder Krankheiten handelten, häufig direkt auf mich. Und machte mir Sorgen um tödliche Krankheiten, die in meinen – unbekannten – Genen schlummerten. So hatte ich etwa zunehmend beunruhigt über die mysteriöse Chorea Huntington gelesen, eine degenerative Krankheit des Striatums, des Teils des Gehirns, das Bewegung, Emotionen und Kognition miteinander verbindet.

Die Gehirnzellen werden dabei durch fehlerhaftes Eiweiß zerstört, das von dem Gen HTT, HD oder ID15, dem »Huntington Gen« produziert wird. Huntington bricht bis zum 40. Lebensjahr aus und führt über emotionale Verwirrung, Muskelzuckungen und Bewegungsstörungen nach ungefähr fünfzehn Jahren zum Tod.

HTT oder HD oder ID15 liegt auf dem kurzen Arm des vierten Chromosoms und ist eine Erbkrankheit. Bis heute ist Huntington die einzige Krankheit, deren Veranlagung bei einem Gentest mit Sicherheit lange vor dem Ausbruch schon festgestellt werden kann. Für mich hieß das plötzlich auch: Da ich nichts über die Krankengeschichte meiner biologischen Eltern wusste, gab es durchaus eine 50-prozentige Chance, dass ich das tödliche Huntington-Gen in mir trug.

Dann gab es da Gene wie BRCA1, auch das Gen genannt, was die Wahrscheinlichkeit von Tumorbildung erhöhte, insbesondere für Brustkrebs, Eierstockkrebs, Dickdarmkrebs und Prostatakrebs. Hier wurde jedoch nur angenommen, dass Frauen mit einem mutierten BRCA1-Gen zu 5-10 Prozent früher an Krebs erkrankten als Frauen ohne diese Mutation. Auch hier wurde empfohlen, diesen Test nur durchzuführen, wenn es in der Familie zu vermehrten Krebserkrankungen gekommen war. Krankenkassen würden in diesem Fall sogar die Kosten für den Test übernehmen und anschließende Beratung.

Die Präventivbehandlungen in einem solchen Fall lasen sich brachial: Chemoprävention, vorbeugende Entfernung der Eierstöcke und Eileiter, vorbeugende Entfernung der Brüste. Ich dachte immer häufiger darüber nach – wenn es so wäre, würde ich das alles wissen wollen? Wie genau würde sich mein Leben verändern, wenn ich jetzt erfahren würde, dass ich mit 40 an einem unheilbaren Nervenleiden erkranke? Sollte ich auf eine Pflegeversicherung sparen? Oder noch mehr Bücher schreiben? Camilo heiraten?

In dieser Phase las ich etwas, das mich geradezu elektrisierte. Die kalifornische Biotechfirma *23andMe*, benannt nach den dreiundzwanzig menschlichen Chromosomen, hatte einen »Spit-Kit« auf den Markt gebracht. Eine Art Mini-Chemiebaukasten für Tech-Futuristen oder, wie in meinem Fall, ratlose Waisenkinder. Eben allerhand Menschen, die Selbsterfahrung auf genetischer Ebene betreiben wollen.

Das Biotech-Start-up war 2006 von der Biopharmazeutikerin Linda Avey gegründet worden, zusammen mit einer jungen Molekularbiologin namens Anne Wojcicki, deren Freund und späterer Ehemann eine Millionensumme investiert hatte. Das war Sergey Brin. Der Google-Gründer.

Im Silicon Valley schien man sich gelegentlich einer fast baptistisch-missionarischen Sprache zu bedienen, denn im Zusammenhang mit *23andMe* sprachen Forscher und Publizisten gleichermaßen von der »Befreiung der Menschen aus einem fehlerhaften Gesundheitssystem«.

In meiner Kindheit zwischen engstirnigen Christen hatte ich Skepsis gelernt, doch das Versprechen von *23andMe* war zu schön, um nicht daran zu glauben.

23andMe hatte das ehrgeizige Ziel, eine genetische Analyse und somit Erkennung von Abstammung, Erbgutanlagen sowie Erbkrankheiten für Privatpersonen zugänglich zu machen, und zwar mittels eines Speicheltests namens »Spit Kit«. Die Bausätze wurden aus dem Ort Mountain

View im Silicon Valley in die Welt hinaus verschickt und erreichten ihre Kunden mit einem verführerischen Versprechen: Auf der Basis eines halben Teelöffels (2 ml) Spucke könne *23andMe* mein Erbgut analysieren, genau gesagt: genotypisieren. Ich würde meine biografischen Löcher durch moderne Wissenschaft schließen können.

Mit Hilfe eines Computerchips würden die Teile meines Genoms analysiert, die eben nur in meiner DNA vorkommen. Das alles konnte ich auf der Website von *23andMe* nachlesen. Dort stand auch, dass man mir nach nur sechs Wochen Bearbeitungszeit ein Passwort zuschicken würde, mit dem ich mich auf der Website von *23andMe* sozusagen live in die Molekularebene meines Körpers einklicken und durch meine einzigartigen Gene browsen könnte, wie durch die Fotogalerie meiner letzten Geburtstagsfeier.

Vielleicht würde ich ja so doch noch etwas über meine biologischen Eltern erfahren, wie sie aussahen, was an mir von ihnen stammte?

Was ich dafür tun musste, war einfach. Besagte Speichelprobe füllen, nach Kalifornien zurückschicken und *23andMe* meine Daten zur Forschung übergeben – ein fairer Deal. Ich überlegte nicht lange und bestellte dieses Kit. Zwei Wochen später kam es an.

Aus dem Kurier-Paket fiel der überraschend hübsche, bunte Karton. Weihnachten! Geburtstag! Überraschung! Die klare, graphische Sprache der Verpackung (chromosomenförmige Balken in lebensbejahenden Komplementärfarben), die geschmeidige, übersichtliche Anordnung des Kits mit seinem steril eingeschweißten Röhrchen mitsamt einem schnabelförmigen, wiederverschließbaren Trichter sowie die einfach, aber nett bebilderte Spuckanleitung vermittelten mir das Gefühl, ein zeitgemäßes Qualitätsprodukt erhalten zu haben. Sympathisch und verbraucherfreundlich, aber trotzdem noch seriös genug, um dem Anspruch eines glaubwürdigen, medizinischen Experiments Genüge zu tun. Chapeau, *23andMe*.

Auge und Seele testen schließlich mit.

Enthalten waren, neben der Spuck-Ausrüstung, auch eine strapazierfähige Rückversandsausstattung, ein bruchsicheres Plastikgehäuse, in dem das Proberöhrchen für seine lange Reise festgeklemmt werden konnte, sowie ein kleiner Drehverschluss, damit auf der Reise kein Tröpfchen des wertvollen Speichels austreten könnte.

Lediglich ein Barcode auf dem Röhrchen erinnerte daran, dass die Sendung eben kein Spielzeug, sondern blanker Ernst war, denn der würde es den Technikern im Labor später ermöglichen, die genetischen Daten meinem Namen zuzuordnen. Fehlerfrei, davon ging ich aus. Voll digitalisiert, zeitgemäß und nett arrangiert, inklusive frankiertem Rücksendeaufkleber. Plug-and-Play! Aufregung! Science Fiction! Medizinischer Fortschritt! Jetzt musste ich nur noch spucken, dann stand meiner Entdeckungsreise in mein Genom nichts mehr im Weg.

Eine Naht in der Mitte des Röhrchens markierte die 2-ml-Grenze. Um das Ergebnis nicht zu verfälschen, war es mir ab dreißig Minuten vor dem Test nicht gestattet, Alkohol zu trinken oder zu rauchen (logisch), aber auch Mundhygiene-Produkte wie Zahnpasta und Mundwasser stellten sich als ergebnisverfälschend und demnach als tabu heraus. Meine Spucke musste rein sein, bestehend nur aus mir, frei von jeglicher chemischer Einwirkung.

Der Anfang der genetischen Reise zu mir selbst fühlte sich genauso dämlich an wie so manche spirituelle Reise, denn um meinen biologischen Bauplan mit Hilfe von digitaler Zukunftsmedizin begutachten zu können, musste ich eine fast vergessene archaische Körperfunktion aktivieren. Ich sammelte den Speichel im Mund und fühlte mich dabei wie eine echte Vollidiotin. Ein gutes Mädchen spuckt nun mal nicht. Dabei erwischte ich zu allem Überfluss noch mein Spiegelbild in der Fensterscheibe: Da saß ich, hielt das Röhrchen zwischen Daumen und Zeigefinger und versuchte, möglichst elegant Speichel abzusondern.

Die erste Ladung reichte nicht annähernd bis zur Markierung. Stattdessen zog sich der Tropfen aus meinem Mund dickflüssig durch den Trichter ins Röhrchen. Als ich endlich die Markierung erreicht hatte, schraubte ich rasch den Trichter ab, verschloss die Probe und ließ das Röhrchen mit den 2 Millilitern von mir in dem dafür vorgesehenen Plastikgestell einrasten. Dann packte ich es in die gepolsterte Versandtasche, beklebte sie und wartete auf den Kurier.

Gute Reise, 3 Milliarden Gene, dachte ich, als der Bote mit meiner Probe unterm Arm die Treppe heruntersprintete.

Was nun genau mit meiner Probe passierte, nachdem sie per Luftpost bis nach Mountain View geliefert wurde, wusste ich nicht. Ich stellte mir vor, wie meine DNA mit Hilfe von Zentrifugen und Pipetten aus dem Speichel extrahiert und mit Hilfe eines Computers genotypisiert wurde, vielleicht wie in einem Labor in der Fernsehserie *CSI*: Eine Frau (höchst attraktiv, hohe Schuhe, geglättete Haare) arbeitet bei grellem Neonlicht im weißem Kittel im Labor. Über dem Mundschutz blickt sie, sehr konzentriert, mit wunderschönen Augen und langen, perfekt getuschten Wimpern auf eine Reihe kleiner Reagenzgläser. Dann verteilt sie mit einer Pipette Mikro-Portionen meines Speichels in die Gläschen.

Geübt platziert sie die Gläschen in die Laborzentrifuge und stellt sie an. Dann benutzt sie wieder die Pipette, setzt einen Tropfen auf eine Glasscheibe und schiebt sie unter ein Mikroskop. Sie schaut besorgt auf, dann lässt sie ein Computerprogramm laufen und nimmt, Sekunden später, einen bunt bedruckten Zettel aus dem Drucker: Ihre Gen-Sequenzierung, Frau Stein.

Beim sogenannten Genotypisieren würde nicht die gesamte Länge meines Gens erfasst, sondern eben nur die Teile analysiert, die bei mir abweichen. *23andMe* würde meinen sogenannten genetischen Fingerabdruck aus der endlos langen Reihe an Genen herausfischen, die wir *Homo sapiens* alle gemeinsam haben. Bis zu 80 Eigenschaften und Krankheiten könnten so genotypisch erkannt werden.

Dabei würde möglicherweise mit diesem Spuckeröhrchen auch mein Verfallsdatum ans Tageslicht kommen. Je länger mein Test unterwegs war, desto mehr rückte dieser Gedanke in den Vordergrund. Zunächst mal aber kam der Test zurück, weil ich nicht genug Speichel abgegeben hatte. Ich musste die Prozedur wiederholen. Dann erst käme das Resultat.

Sechs Wochen später bekam ich eine E-Mail: »You have been genotyped!« Das klang, als hätte ich etwas gewonnen. In der Mail gab es einen Passwort-Link, mit dem ich mich auf der *23andMe*-Webseite einloggen und meine Ergebnisse einsehen konnte.

Für meinen Geschmack fühlte sich das Ganze ein bisschen zu nonchalant-digital, zu *körperlos* an – ein bisschen mehr Respekt vor dem Humangenom hätte ich mir vorgestellt.

Warum? Weil es doch erstaunlich ist, dass jedes Genom, wenn auch nur minimal, individuell verschieden ist. Und dass uns alle mehr verbindet, als uns trennt, doch dass die Anordnung meiner Gene mich zu mir macht.

Eine E-Mail mit dem Ergebnis erschien mir zu platt, doch im Silicon Valley war wohl keine Zeit fürs Sentimentale. Also nahm ich mir vor, es ebenfalls sportlich und modern zu sehen. Hier ein Auszug dessen, was Labor- und IT-Mitarbeiter in Mountain View über mich herausfanden, ohne mich je getroffen zu haben:

- Ich bin unsportlich. Der Gen-Marker, der im Gen ACTN3 für starke Muskelmasse verantwortlich ist, fehlt mir.
- Ich habe nur zu 1 Prozent rote Haare und zu 10 Prozent blonde Haare und wahrscheinlich braune Augen, das kann man aus der Erbanlage für den Hautfarbstoff Melanin ablesen. Das Pigmentierungsgen heißt KITLG.
- Ich bin wahrscheinlich Raucherin oder habe Probleme, damit aufzuhören, da das Gen CHRNA3 zum Nikotinabbau bei mir eher eine Abhängigkeit begünstigt. (Ha, liebe Laboranten, an dieser Stelle hat euch mein Genom

ausgetrickst: Schon vor sieben Jahren habe ich mit dem Rauchen aufgehört. Problemlos!)

- Mein Erbgut ist zu 51,9 Prozent koreanisch, zu 30,3 Prozent japanisch, zu 11 Prozent chinesisch und zu 5,9 Prozent asiatisch im weitesten Sinne. Mitarbeiter von *23andMe* würden – korrekterweise – eine asiatische Frau erwarten, sollten wir jemals in San Francisco zusammen einen trinken gehen wollen.
- Ich baue weniger gut Alkohol und Nikotin ab und habe deswegen ein erhöhtes Speiseröhrenkrebsrisiko. Lesen kann man das an einer Gen-Mutation namens ALDH2*2. Diese Mutation kommt fast nur bei Asiaten vor.
- Ich habe ein 0,7 Prozent höheres Risiko für Magen- und Speiseröhrenkrebs, aufgrund einer bei Asiaten häufigen Mutation des Gens PLCE1.
- Es liegt eine seltene Mutation des Gens APOE vor. Das heißt: Ich habe ein 30 Prozent erhöhtes Risiko, an Alzheimer zu erkranken und alles zu vergessen, was ich je gewusst habe.

Vor allem die letzte Information war ein Schock. Ich hatte das Kit bestellt und versandt, um etwas über meine Identität herauszufinden. Das Konkreteste, das meine Gene mir über meine Eltern erzählten, waren Krankheiten. Und laut *23andMe* würde mich nicht nur der Verfall des Körpers, sondern auch der des Geists treffen.

Ich hatte ein paar Jahre zuvor bei einer Routineuntersuchung für einen Krankenkassenwechsel erfahren, dass ich wahrscheinlich mit einer Herzklappeninsuffizienz geboren wurde. Oder dass die Klappeninsuffizienz die Folge einer verschleppten Entzündung im Körper war, infolge derer sich Bakterien in der Herzklappe angesammelt und deren Funktionsfähigkeit verringert hatten. So etwas passiert zum Beispiel bei verschleppten oder chronischen Zahnwurzelentzündungen. Wäre das die Ursache, wäre meine Bulimie direkt für die Insuffizienz verantwortlich. Mein Kopf hätte meinen Körper krank gemacht.

Die Ärztin hörte damals mein Herz ab, legte ihr Stethoskop zur Seite und schaute mich ernst an: »Sie wissen schon, dass Ihre Aorta-Klappe nicht richtig schließt, oder?«

An diese ungesicherte Information hatte ich vorher nie mehr als alle zwei Jahre einen Gedanken verschwendet. Doch plötzlich schob auch er sich wieder in mein Bewusstsein, ich begann immer wieder zu horchen, ob mein Herz auch normal schlug.

Auf einer Gartenparty lernte ich ein paar Wochen später einen etwa 15 Jahre älteren Mann kennen, der gerade seine Rehabilitation im Deutschen Herzzentrum der Charité abgeschlossen hatte. Ein Jahr zuvor hatte es ihn wie aus heiterem Himmel getroffen: Schwindel, Kurzatmigkeit, Herzinfarkt, infolge einer nicht diagnostizierten Klappeninsuffizienz.

»Das Schlimmste«, sagte er, während er langsam sprach und an seinem Bierglas nuckelte, »ist die Angst. Sobald ich irgendetwas fühle, das sich wie die Symptome vor dem Infarkt anfühlt, bekomme ich eine Panikattacke. Alles geht von vorn los. Es ist, als stecke mein Kopf in einer Zeitschleife fest – immer wieder wiederholt sich das Ereignis von vor einem Jahr. Und die«, sagte er mit einem bitteren Lachen und tippte an seine Bierflasche, »betäube ich dann damit, was allerdings nicht so gut für mein Herz ist.«

Mein Herz fing bei so viel Information ebenfalls an zu klopfen, während ich ihm aufmerksam zuhörte.

»Vielleicht sollte ich mal wieder zum Kardiologen gehen.«

»Quatsch. Das passiert nur ganz selten, die meisten Menschen wissen ja nicht mal, dass ihre Klappe nicht schließt, und werden steinalt damit. Blöder Zufall, dass es mich getroffen hat. Ich sag dir eins, lass bloß die Geister nicht in deinen Kopf! Die machen dich kränker als das Herz selbst, so viel kann ich dir versprechen.«

Jeder Mensch stirbt, klar, nur was passiert mit ihm, wenn er plötzlich weiß, woran? Und wenn er erfährt, dass alles, was ihn zu ihm macht – nämlich die Erinnerungen –, Jahre vor dem Tod in einem schwarzen Loch verschwindet? Beeinträchtigt das seine Motivation, Erfahrungen zu machen, und wenn ja, in welcher Form? Oder ist nicht vielmehr das Seltsame, dass er überhaupt motiviert ist, Erfahrungen zu machen – zumal er doch weiß, dass er eines Tages sowieso sterben wird?

Im Philosophie-Unterricht in der Schule hatten wir fünfzig Dinge aufschreiben müssen, die wir machen wollten, bevor wir sterben. Eine Achtsamkeitsübung, die in der Schule gern durchgeführt wird, um nihilistisch aufgeblasene Teenager daran zu erinnern, dass das Leben tatsächlich endlich ist und dass man das Beste daraus machen sollte.

Ich erinnere mich an zwei Punkte:

– als erste Frau der Geschichte einen Regie-Oscar gewinnen,
– Jarvis Cocker heiraten.

Geklappt hat nichts davon. Ich stand als Teenager im Wettstreit mit der Angst meiner Mutter, den ich um jeden Preis gewinnen musste. Während sie zu Hause auf dem Sofa saß und sich wünschte, »einmal die Angst zu überwinden und in die Toskana zu reisen« oder »einmal die Angst zu überwinden und wieder in einem Restaurant essen zu gehen«, musste ich höher und weiter und legendäre Lebensziele formulieren.

Liest man die Listen im Internet, wo sie »Bucket Lists« genannt werden, so gleichen sie oft den Wochenplänen von Extremsportlern: Bungeejumping, Fallschirmspringen, auf den Mount Everest klettern, Polarlichter sehen, auf Safari gehen, im Great Barrier Riff tauchen. Oder aber Russisch/Spanisch/Italienisch/Chinesisch/Zeichensprache lernen

Jede dieser Listen steht letztendlich für den Wunsch, sich erinnern zu können. So wie ich einst dachte, nur wirklich gelebt zu haben, wenn ich die erste Frau werden würde, die einen Regie-Oscar gewinnt (Glückwunsch, Kathryn Bigelow für *The Hurt Locker*).

Die modernen Hirnforscher sind sich in einer Sache einig: Wir *sind* unsere Erinnerungen. Sie sind es, die mich zu Miriam machen. Und ich werde sie verlieren. Ich werde, wenn *23andMes* Prognose richtig ist, aufhören, als Ich zu existieren, bevor ich tatsächlich sterbe.

Zumindest wollte ich vorher wissen, was mich erwartete. Und ging wie eine Detektivin auf die Suche nach den Fakten meines wahrscheinlichen Schicksals. Was ich fand, verfolgte mich:

Die Alzheimer-Krankheit ist eine neurodegenerative Krankheit. Die häufigste Form tritt bei Personen über dem 65. Lebensjahr auf. Sie ist für ungefähr 60 Prozent der 24 Millionen weltweit bekannten Demenzerkrankungen verantwortlich. Ihren Namen hat sie dem deutschen Psychiater und Neuropathologen Alois Alzheimer zu verdanken, der zu Beginn des 20. Jahrhunderts in Frankfurt die Patientin Auguste Deter behandelte.

1997 fand man diese Alzheimer-Aufzeichnungen wieder – eine Sensation. Es entstand ein Theaterstück aus den Gesprächen mit der Patientin, so berührend lesen sie sich bis heute. Hier ein Auszug aus der Akte von 1901:

»Wie heißen Sie?«

»Auguste.«

»Familienname?«

»Auguste.«

»Wie heißt Ihr Mann?« – Auguste Deter zögert, antwortet schließlich:

»Ich glaube ... Auguste.«

»Ihr Mann?«

»Ach so.«

»Wie alt sind Sie?«

»51.«

»Wo wohnen Sie?«

»Ach, Sie waren doch schon bei uns.«

»Sind Sie verheiratet?«

»Ach, ich bin doch so verwirrt.«

»Wo sind Sie hier?«

»Hier und überall, hier und jetzt, Sie dürfen mir nichts übel nehmen.«

»Wo sind Sie hier?«

»Da werden wir noch wohnen.«

»Wo ist Ihr Bett?«

»Wo soll es sein?«

Zu Mittag isst Frau Auguste D. Schweinefleisch mit Karfiol.

»Was essen Sie?«

»Spinat.« (Sie kaut das Fleisch.)

»Was essen Sie jetzt?«

»Ich esse erst Kartoffeln und dann Kren.«

»Schreiben Sie eine Fünf.«

Sie schreibt: »Eine Frau.«

»Schreiben Sie eine Acht.«

Sie schreibt: »Auguste« (Beim Schreiben sagt sie wiederholt: »Ich habe mich sozusagen verloren.«).

Sich selbst verlieren und vergessen, das macht also Alzheimer.

Was aber sollte ich nunmehr mit diesem Wissen anfangen? Sowie der Angst davor, auch darauf irgendwann einmal keinen Zugriff mehr zu haben? Die *23andMe*-Ergebnisse jagten mich wie Schatten. (Mittlerweile nahm ich übrigens auch an, dass die echten Wissenschaftler weniger glamourös aussahen als die im Fernsehen. Kalt und berechnend kamen sie mir vor.)

Seit ich den DNA-Test gemacht hatte, lauerte APOE in meinem Genom wie ein Gespenst im Schrank. Wenn ich nicht achtgab, würde es mich erwischen. Ich musste anfangen, mich höllisch zu konzentrieren, damit ich nichts vergaß. Und gleichzeitig musste ich vergessen, dass darin die Bedrohung bestand, damit ich mit meinem Leben vorankam. *23andMe* verwandelte sich in »Catch-22«. Was blieb an Hoffnung? Weiter auf die Forschung setzen, was sonst.

Im Jahr darauf kürte das *TIME Magazine* das Kit zum »Produkt des Jahres 2008«. Ganz zu Anfang kostete der Test noch 999 Dollar, ein echtes Luxusprodukt also. Heute müssen noch 199 Dollar bezahlt werden. Der medizinisch-technische Aufwand hat sich ebenfalls dem aktuellen Entwicklungsstand angepasst. Hatte es zu meiner Zeit noch eine Woche gedauert, ein Genom zu analysieren, und Monate, es zu sequenzieren, sind beide Vorgänge heute innerhalb eines Tages zu bewerkstelligen.

Meine Hauptaufgabe bestand nun darin, mir immer wieder klarzumachen: Nicht das Vergessen an sich zählte, sondern das, was irgendwann, in einer fernen Zukunft, in den Untiefen meines Gehirns verschwinden würde. Ich würde es so reich füllen, dass es ordentlich etwas zu vergessen geben würde.

Im September 2009 wurde in Berlin unser Sohn geboren. Es kam mir vor wie eine neue, verhandelbare Zukunft.

5

EINSEHEN, DASS DER ELTERLICHE RAT RICHTIG WAR

UMDENKEN

Camilo und ich hatten uns nie besonders um ein geregeltes Einkommen gekümmert. Eigentum bedeutete uns als Liebespaar nichts. Camilo hatte nach dem Abitur im Plattenladen gearbeitet und während des Studiums in lokalen Bands in Gießen gespielt. Sein Kapital war sein musikalisches Talent. Solange er Gitarre spielen und Lieder schreiben konnte, fühlte er sich wie ein reicher Mann.

Ich bin mir sicher, dass er bis heute nicht weiß, was ein Bausparvertrag ist.

Wenn man ein Kind bekommt, ändert sich die eigene Laisser-faire-Haltung allerdings. Und sosehr das Leben als mobiles Boheme-Paar uns kurzzeitig glücklich gemacht hatte, so wussten wir damals doch beide, dass wir anfangen mussten, uns etwas aufzubauen.

Eines Abends, als der Kleine schlief, stellte ich eine Gleichung auf. Und geriet ins Grübeln.

Dinge, die es wahrscheinlich in 20 Jahren nicht mehr geben wird:

Zeitungen
Zeitschriften
Werbespots
Bücher

Dinge, mit denen ich gerade meinen Lebensunterhalt bestreite:

Werbespots
Zeitungen
Zeitschriften
Bücher

Und es betraf nicht nur mich. Alle Branchen, in denen meine Freunde arbeiteten, hatten in den vergangenen fünfzehn Jahren massive Umwälzungen erlebt.

Als ich Abitur machte, bewarben sich diverse Mädchen in meinem Jahrgang, die gern mit Menschen arbeiten, Fremdsprachen und andere Kulturen kennenlernen wollten, für eine Lehre zur Reisebürokauffrau.

Abgesehen von einigen Ausnahmen im Konzern- und Luxusindividualreisebereich existierte dieser Beruf 15 Jahre später gar nicht mehr. Mittlerweile bucht kaum jemand noch seine Ferien im Reisebüro, heute gehen alle mit Kreditkarte, vom Sofa oder vom Schreibtisch aus, online.

Nehmen wir meine Freundin Jenna. Sie ist in Manhattan als Tochter zweier namhafter Journalisten aufgewachsen, besuchte die prestigereiche private Gesamtschule Trinity School, laut *Forbes Magazine* 2010 die beste in den gesamten USA. Ihr Grundstudium absolvierte sie auf dem Ivy-League College Darthmouth, ihren Mfa an der Universtiy of Virgina.

Im Augenblick promoviert sie an der Freien Universität in Berlin.

Ihr ganzes Leben lang wurde sie darauf vorbereitet, in die globale Elite aufzusteigen. Dafür investierten ihre Eltern jährlich 41 000 Dollar Schulgebühren in die Trinity School. Später finanzierte Jenna ihr Studium über Stipendien und Studentenkredite, deren Rückzahlung sie heute enorm beanspruchen.

Wie für viele ihrer Kommilitonen ist das Privileg ihrer guten Ausbildung zweischneidig, da ist sie sich sicher: »Ich werde niemals den Ansprüchen gerecht, die allein wegen des vielen Geldes auf meinen Schultern lasten. Aus mir wird keine gute Investition mehr. Das Geld, das in mich gesteckt wurde, werde ich jedenfalls nicht wieder zurückzahlen können. Ich habe Geschichte studiert und will Schriftstellerin werden – und damit werde ich wahrscheinlich nicht genug Geld einnehmen.«

Tatsächlich sollten Eltern sich heute wünschen, dass ihre Kinder Ingenieure oder IT-Profis werden, die werden offenbar händeringend gesucht.

Wir, die zwischen 1971 und 1997 geborenen, sogenannten Millennials, mussten ja unbedingt in die Medien, Journalisten werden oder Bücher schreiben, Sprachen studieren, kreativ und kommunikativ sein.

Wir dachten, wir hätten so viel richtig gemacht, und trotzdem ist bei heutiger Betrachtung so viel schiefgegangen. Wir sind die am besten ausgebildete und am schlechtesten bezahlte Generation der Geschichte. Nie zuvor hat es mehr Hochschulabschlüsse gegeben. Die meisten meiner Freunde kommen aus der deutschen Mittelschicht. 9 von 10 haben Abitur, 6 von 10 ein abgeschlossenes Hochschulstudium und 3 von 10 einen Master oder sogar einen Doktortitel.

2 von 10 verdienen mehr als 100 000 Euro im Jahr. In Sicherheit fühlen kann sich mittlerweile trotzdem niemand mehr, ganz egal, wie ausgefuchst die Ausbildung war, wie viele Sprachen gesprochen, wie viele Super-Top-Praktika absolviert werden.

Die meisten Jobs, die heute noch als sicher gelten, könnten morgen von einem Algorithmus oder einem Roboter ersetzt werden.

Die gute deutsche Zuversicht, dass auf der Basis einer ordentlichen Berufsausbildung ein geregeltes Leben mit Wohneigentum und Auto möglich sein wird, existiert nicht mehr. Und neu hinzugekommen ist, bei mir und meiner Generation, die Angst davor, nicht mitzukommen, nicht auszureichen, sich nicht schnell genug upzudaten, nicht nah genug dran zu sein an der rasanten Neustrukturierung einer Lebenserwartung, die nie höher war (ca. 75 Jahre), nie genauer aufgezeichnet wurde (Social Media) und die sich trotzdem (oder gerade deswegen) immer wieder neu definiert. Mit anderen Worten: Es gibt keine Sicherheit mehr, aber dafür viel mehr Beweise.

Als mein Sohn ein Jahr alt wurde, nahm meine Mutter mich zur Seite: »Du musst wieder arbeiten gehen!«, sagte sie mit ungewohnt fester Stimme. »Du musst deinen Beruf weiter ausüben.«

Diese Äußerung war aus vielen Gründen revolutionär für meine Mutter. Sie hatte nie richtig verstanden, was mein Beruf eigentlich war (oder Camilos). Hinzu kam, dass sie mir in meiner Kindheit wenig Verständnis für arbeitende Mütter mitgegeben hatte.

Zu ihrer Zeit gab es bei Paaren die »Doppelverdiener«, die zwar mehr Einkommen hatten, aber eben keine anwesende Mutter stellten (traurig). Wohlverdienende Doppelverdiener konnten sich »Kinderfrauen« leisten, weniger wohlverdienende, eben noch trauriger, nur Hortbetreuung. Das Wort »Rabenmutter« benutzte meine Mutter zwar nicht, aber arbeitende Mütter (von denen es in meinem Freundeskreis vielleicht eine oder zwei gab) waren für sie keine Vorzeigemodelle der mütterlichen Fürsorge.

Meine Mutter hatte »für uns« ihren Beruf aufgegeben. Immerhin, so zitierte sie manchmal, war es bis 1977 in Deutschland illegal für Ehefrauen, ohne die Erlaubnis ihres Mannes arbeiten zu gehen.

Ihre Karriere war gleichsam ihre Vorbereitung auf das Muttersein. In den frühen siebziger Jahren hatte sie eine Lehre zur Erzieherin in einem Kinderheim in Wermelskirchen absolviert, danach wurde sie Heimleiterin. Gleich anschließend wollte sie Mutter werden, weil es damals eben üblich war. Sie hielt sich für modern. Dabei ging ihr Mutterbild ziemlich genau auf das von Königin Luise von Preußen zurück. Friedrich Wilhelms Gattin verzichtete damals, im 18., 19. Jahrhundert, freiwillig auf Erzieherinnen und Gouvernanten, sondern zog es vor, ihre Kinder selbst zu erziehen. Sie gehorchte ihrem Ehemann und sorgte für ein angenehmes Zuhause. Ihre Lebensphilosophie passte zur aufkommenden Kleinfamilie, stilisierte die Mutter-Kind-Beziehung zur wichtigsten Liebesbeziehung der Familie überhaupt. So, wie es meine Mutter tat. Zumindest theoretisch.

Als wir älter wurden, ich muss vielleicht 8 Jahre alt gewesen sein, versuchte sie einige Male, wieder ins Berufsleben einzusteigen. Sie scheiterte. Der Job passte nie. Sie wollte nicht im Kindergarten arbeiten, nicht als Tagesmutter, und auch sonst schien es einfach keinen Ansatzpunkt für sie zu geben. Und dann kamen die Ängste, die das Ganze sowieso unmöglich machten.

Als unser Sohn 3 Jahre alt war, tat ich jedenfalls etwas, das ich seit langer Zeit nicht mehr getan hatte: Ich befolgte den Rat meiner Mutter und nahm einen festen Job an, als Ressortleiterin bei einem Hochglanzmagazin. In dem es vor allem darum ging, wie man richtig lebte und gut dabei aussah.

Mode hat in Deutschland immer noch einen niedrigen Stellenwert. Die Beschäftigung mit ihr gilt als dumm, oberflächlich, und wo so vernichtende Urteile zusammenkommen, ist dieses auch nie weit: weibisch.

Ich fand dieses Urteil immer lächerlich, denn Mode gehört zum zivilisierten Menschen wie das Essen (das keiner oberflächlich und weibisch findet) – man kann nun mal nicht ohne, man kann nicht nackt aus dem Haus gehen, und man kann sich auch nicht entziehen.

Karohemd, Allwetterjacke, Rucksäcke kommunizieren. Genau wie Daunenwesten, Gesundheitslatschen, Kurzhaarschnitte mit komplementär eingefärbtem Pony, Gürteltaschen, Falthandtaschen, Anzüge, Blazer. Sie sagen: Ich hänge im Schrank und werde nur bei formellen Anlässen alle paar Jahre entmottet. Oder sie sagen: Ich bin praktisch und irgendwie doch weiblich, ohne tussihaft zu sein. Sie sagen auch: Ich will zugänglich sein. Ich mag Qualität. Oder auch: Ich habe aufgegeben, mein Aussehen ist nicht mehr zu retten.

Aber nichts, gar nichts? Augenwischerei.

Nicht ohne Grund bekommen Tattoos, Schminke und aufwendige Frisuren im Gefängnis besondere Bedeutung, an dem Ort, wo es wirklich keine Mode mehr gibt. An die Stelle, an der sonst das ganze Spektrum der Kleidung über das Ich und die aktuelle Stimmung erzählt, rückt die letzte Möglichkeit der Selbstinszenierung, Schminke, Tinte und Haarflechtwerk. Mit solchen Dingen begann ich mich also auch zu befassen.

Vor allem in amerikanischen Frauengefängnissen gibt es nur sehr limitierten Zugang zu Beauty-Produkten. In einem Interview über die Sehnsucht nach Individualität in der nivellierten Knastwelt las ich mal darüber, wie die Insassinnen aus Bonbons Haargel machten oder die rosa Farbe von T-Mobile-Werbungen in Magazinen als Rouge benutzten. Andere lösten die bunte Zuckerschicht von *m&m's* in Wasser auf, um sich mit der Tinktur die Lippen zu schminken. Oder sie zerdrückten die Erdnüsse in den *m&m's*, um Gesichtscreme herzustellen.

Ein Magazin wie jenes, für das ich arbeitete, symbolisiert so ziemlich genau die Gegenwelt. Es suggeriert permanente Neuanfänge und inszeniert die dazu passenden Produkte.

In Wahrheit ist man sich übrigens fast nirgendwo so sehr bewusst über den unaufhaltbaren Verfall wie in der Mode, und nirgendwo versucht man so besessen und so virtuos, ihn aufzuhalten, sogar zurückzudrängen: Wenn man sich nur eingehend genug mit Dingen von Seventies Revivals beschäftigt, wenn die Lippen nur rot genug geschminkt und die Haut gut genug gepeelt ist, dann vergisst man vielleicht, dass man gerade wieder ein paar Minuten älter geworden ist.

Das übrigens hat die Modewelt mit dem Silicon Valley gemeinsam: *Death is not an option.* Larry Ellison, Gründer von Oracle, das am ewigen Leben forscht, hat dafür allein 430 Millionen Euro gespendet: »Tod hat für mich nie Sinn gemacht. Wie kann ein Mensch existieren und dann einfach so wieder verschwinden?« Inakzeptabel, der Tod. Wo kein Sterben mehr ist, da gibt's auch keine Angst mehr vor dem Tod.

Dass ich wusste, woran ich (eventuell) sterben würde, erzählte ich bei dem Hochglanzmagazin übrigens keinem. Die Illusion dort war Hier und Jetzt. Blickte man zu weit darüber hinaus, fühlte es sich an, als habe man die Mechanik hinter dem Zaubertrick enthüllt: Kennt man sie, ist man zwar schlauer, aber eben nicht glücklicher. Oder angstfreier.

Meine Mutter hatte in meiner Jugend nie richtige Hochglanzmagazine gelesen. Sie lebte das Leben einer guten norddeutschen Protestantin, die wenig von zu viel Beauty und Fashion hielt. Trotzdem: In der Phase, in der es ihr besser ging, kaufte sie sich Parfüm von Jil Sander und Hautpflege von Lavera. Meine Eltern kauften sich sogar neue Eheringe – etwas »Modernes«.

2014 besuchten meine Eltern uns in Berlin, um unseren Sohn für ein paar Tage Weihnachtsferien bei Oma und Opa abzuholen. Ich lud sie ein, sich unsere Redaktionsräume anzuschauen – gelegentlich hatte ich meiner Mutter Ausgaben des Magazins geschickt.

Fleißig las sie dann jeden Artikel mit meinem Namen darunter, ohne wirklich etwas zu verstehen – die meisten Musiker, Künstler und Schauspieler, über die ich schrieb, kannte sie nicht.

Meine Welt war und blieb meinen Eltern fremd. Teile kannten sie aus dem Fernsehen, doch Details, Produktionsabläufe oder Jobs wie »Art Director« waren ihnen völlig unbekannt.

Bei ihrem Besuch aber liefen sie mit großen Augen von Büro zu Büro.

»So viele Leute arbeiten an einer Zeitschrift?«, staunte meine Mutter.

Letztendlich war das, was ich dort machte, gar nicht so wichtig. Wichtiger war das Unternehmen selbst – ein großer deutscher Verlag mit einem bekannten Namen. Das Dach und der eigene Schreibtisch in einem großzügigen Büro vermittelte ihnen endlich ein Gefühl von Sicherheit: Unserem Kind geht es gut! Das Kind hat einen Job! Es verdient Geld!

6

ES MIT KINDERN HINKRIEGEN

IN MITTE

Als meine Mutter krank wurde, tauschten wir die Rollen. Mit 11, 12 wurde ich zur Mutter, sie zur Tochter. Nachdem ich mit 32 Jahren *de facto* Mutter wurde, lernte ich, dass ihre Ängste viel tiefer in mir verwurzelt waren, als ich es mir je eingestanden hatte. Diese Erkenntnis kam nicht schlagartig, sondern schleichend, und sie entwickelte sich parallel zum Bewusstsein meines Sohnes.

Je mehr mein Sohn er selbst wurde, zu einem fühlenden, eigenständig denkenden Jungen also, desto mehr spürte ich die Angst in mir stärker werden – um sein Wohlsein, seine Zukunft.

Wie gesagt, bevor er auf der Welt war, hatte ich keinerlei Gedanken an die Eckpfeiler des Erwachsenseins, an ein gesetztes Leben verschwendet, doch als ich ihn vom Baby zum Kleinkind aufwachsen sah und merkte, wie sehr er sich über Wiederkehrendes, Konstantes freute, überkam mich die Angst, genau dies eben nicht dauerhaft und gleichbleibend bieten zu können.

Unser Wohnort Berlin-Mitte hatte es uns als kinderloses Paar einfach gemacht, nicht über Strukturen nachzudenken, galt hier doch immer noch das Versprechen, dass das Erwachsenwerden immer weiter hinausgezögert werden könnte.

Ich erinnere mich gut, wie ich mit einer Freundin, Julia aus Hongkong, ich hatte sie in London kennengelernt, im Jahr 1997 das erste Mal nach Mitte kam. Wir übernachteten bei einem befreundeten Journalisten, der für 180

Mark im Monat in einer Drei-Zimmer-Wohnung in der Sophienstraße wohnte. Die Dusche stand in der Küche und die Toilette befand sich außerhalb der Wohnung, auf halber Treppe.

Abends kroch ich mit Julia, auf hohen Schuhen und mit sehr langen, teuren Arcylnägeln, durch ein Loch in einer Kellerwand in einen illegalen Club. Plötzlich stand sie, eine reiche Hongkong-Werbefilmproduzentin und spätere Skincare-Unternehmerin, in Louis Vuitton neben lauter Berlinerinnen in Jeans und Schlabber-T-Shirts in einem feuchtkalten, ungeheizten Kellerclub. Ihr Gesichtsausdruck war sozusagen priceless.

»Das ist kein Club, das ist ein Drecksloch«, urteilte sie bündig. Amüsieren tat sie sich dann ebenfalls dreckig. Die Worte »hip« und »kreativ« benutzte sie damals allerdings noch nicht. Keiner tat das.

In den 90ern gab es angeblich in jedem fünften Hinterhof in Mitte einen solchen illegalen Club, die meisten waren schon geschlossen oder legalisiert, als ich 2006 nach Mitte zog.

Improvisation war trotzdem noch an der Tagesordnung.

Und so blieb, zwischen millionenschweren Neubauten, einer deutschlandweit bekannten Bar und diversen Inkarnationen von hippen schwedischen Modeketten immer noch unser altes, baufälliges Mietshaus stehen, als hätte man Ende der 90er eine Glasglocke über unser Haus gestülpt und es in seiner Abgekrachtheit zwischen der ganzen Gentrifizierung als eine Art postsozialistisches Denkmal erhalten wollen.

So wurde es auch von anderen wahrgenommen.

Als das Ordnungsamt Putzstücke, die immer mal wieder von unserem Haus auf die Straße fielen, zu einer Gefahr für Passanten deklarierte, montierte die Hausverwaltung eine Holzreling an die Fassade, anstatt sie instand zu setzen. Fortan blieben Touristen auf der gegenüberliegenden Straßenseite stehen und fotografierten mein Haus, wenn ich auf dem Balkon die Wäsche aufhängte oder wenn unsere Nachbarn Antonio und Alina den Vogelkäfig ans Fenster stellten. Wir waren Teil der Kuriositätensammlung des Post-Wende-Berlins: Menschen im Abbruch-Haus.

Über das Gebäude wusste ich tatsächlich wenig, wie etwa, dass es einer Erbengemeinschaft gehörte und wahrscheinlich um 1904 gebaut wurde. Der Stuck der Beletage, die massiven Kassettentüren und Fenster stammen wohl aus der Gründerzeit.

Damals wurde die Torstraße gerade von namhaften Architekten für das erstarkte Bürgertum zurechtgebaut. Eichenparkett suchte man zwar vergeblich, trotzdem, man hörte das leise Echo der aufstrebenden Bewohner der Spandauer Vorstadt in diesen fast vier Meter hohen, großzügigen Zimmern. Den Ehrgeiz der Moderne hatte das Häuslebauertum der DDR-Bewohner nicht zum Schweigen bringen können, egal, wie viele Budenfenster und Teppichfliesen, datiert um 1988, ich beim Einzug auch aus der Wohnung entfernt hatte.

Wir wussten, dass die Hausverwaltung seit circa 30 Jahren nur das Allerallernötigste instand gesetzt hatte. So lange nämlich lebt die dienstälteste Bewohnerin hier. Vor ein paar Jahren klingelte eine Dame Mitte 50 mitsamt ihrer Tochter an der Tür. Sie erzählte, sie sei in unserem Haus groß geworden und wollte es nun ihrer Tochter zeigen. Auch die bezeugte: »Nichts hat sich verändert, alles sieht aus wie damals.«

Wie meine Nachbarn hatte ich die Narben unseres Hauses stets als dessen Charakter wahrgenommen. Das Leben hier kostete wenig, entsprechend forderte es kaum. Jahrelang hatte ich befürchtet, dass der Besitz von Möbeln mich beschweren statt verankern würde. Als unser Sohn zu krabbeln und schließlich zu laufen begann, machten wir die Wohnung erst sicher, dann schön. Meine alte Angst, Wurzeln zu schlagen, um nichts zu verlieren, löste sich in meinem Wunsch auf, unserem Sohn Sicherheit zu geben.

Wir trafen endlich Entscheidungen: kauften ein Sofa, einen Sessel, Stühle, Tapeten, Wandfarben und Teppiche. So verwandelten wir das semiverwahrloste Patchwork unseres *Bohemian Dives* in ein Zuhause. Auch um uns herum domestizierte sich alles, nach und nach machten alle im Haus ihre Wohnung selbstständig zurecht, 2014 spendierte die Hausverwaltung eine Gasetagen-Heizung und ein Bad, das dem 21. Jahrhundert entsprach.

Die Szene (welche? Hab' ich nie rausgefunden) sei weitergezogen nach Neukölln, so hieß es seit 2005 immer wieder. Das mochte stimmen. Mag sein, trotzdem schwebte der Geist des Selbstgebauten und Günstigen immer noch über dem Stadtteil. Berlin-Mitte war ein mythologischer Ort geworden, Bastion und Gegenreaktion auf die Angst, die eine von außen erfolgreiche Elterngeneration in ihre

Kinder hineinprogrammiert hat: Frage: Was, wenn du sozial absteigst? Antwort: Dann steigen wir alle zusammen ab. Nur ihr nennt es Versagen. Wir nennen es Kreativität.

Junge Familien entstanden, und zunehmend ging es darum, wie lässig und ohne Erwartungsdruck man hier auch mit Kindern über die Runden kommen könnte, wenn man nur auf ein paar Sachen verzichtete, die die Eltern wichtig fanden, einen Bausparvertrag etwa. Das Bad mal wieder neu kacheln. Oder eine Risikolebensversicherung abschließen. Die Trends von morgen entstanden eh hier, und zwar ganz nebenbei, an einem gemieteten Schreibtisch für 130 Euro im Monat, mit kleinen Abstechern in Rohmilchkäseladen und Kita.

DIE STIMMUNG SCHLÄGT UM

So lebten wir, bis die ersten Freunde, die sich für sichere Jobs entschieden hatten, sich mit Geld auskannten und ihre Schäfchen vermeintlich ins Trockene gebracht hatten, im Zuge der Lehman-Brothers-Pleite am 15.9.2008 ihr Geld verloren. Kleine Sparer, Beträge zwischen 5000 und 15 000 Euro, angelegt in konservative Fonds bei deutschen Banken. Aber trotzdem, weg war's.

Die Dotcom-Blase war geplatzt. Die Jobs in den Medien wurden weniger und schlechter bezahlt. Und plötzlich wälzten sich Existenzängste ins idyllische Bild.

Die Angst, das weiß ich heute, ist wie ein Marschflugkörper. Sie tackert sich an den nächsten warmen Organismus. Und dann wandert sie, auf und ab. Mal hält sie an dieser Stelle inne, mal macht sie dort halt.

In meiner Umgebung wurden damals viele Ängste auf den Umgang mit Kindern umgeleitet. Junge Eltern, die sich zu Studentenzeiten von Miracoli und McDonald's ernährt hatten, waren plötzlich peinlich genau darauf bedacht, ihre Kinder nur noch mit Bio-Erzeugnissen zu füttern, zu kleiden und zu pflegen.

Alle fragten sich bange und pausenlos, ob sie auch genug auf die Bedürfnisse ihrer Kinder eingingen, ob sie einen Platz in der angesagtesten Kita ergattern könnten, ob man sie später von der Schulbehörde in die richtige Schule einteilen würde: Ob sie selber es als Eltern wohl richtig hinkriegen würden.

Ich kannte alle diese Sorgen auch. Und hantierte zusätzlich mit der Angst vor der Angst, die in meiner Familie via *Oral History* weitergegeben wurde. Vielleicht hatte ich damals, als ich in Korea ausgesetzt wurde, die Verlassensangst nicht nur in meinem Gedächtnis, sondern auch in meinen Genen gespeichert?

Die Forschung der Vererbbarkeit von Angst befindet sich noch im Experimentalstadium. Fakt ist: Es gibt sie, diese Angstgene. Eins heißt GRP, nach dem Signaleiweiß GRP, das im Gehirn an den Prozessen der Angstbildung maßgeblich mitbeteiligt ist. Der Genetiker und Nobelpreisträger Eric Kandel hat es 2002 entdeckt.

2005 fand man »Stathmin«, das Angstimpulse steuert – zumindest waren Mäuse ohne dieses Gen wesentlich draufgängerischer als ihre Kollegen mit Stathmin. Heute geht man laut der Forschung des Universitätsklinikums Münster davon aus, dass 30-100 Gene für das Risiko einer Angsterkrankung verantwortlich sind. Diese Zahl schließt noch nicht das epigenetische Risiko mit ein, denn traumatische Erfahrungen können Genstrukturen verändern, was für mich hieß, auch auf diesem Weg könnte mein Sohn meine Angst erben.

Doch viel schneller als über genetische Disposition verbreitet sich Angst von Mensch zu Mensch. Sie reist schneller als Erkältungsviren im Winter, die per Niesen durch Büros und öffentliche Verkehrsmittel gejagt werden. Sie findet ihren Weg über ein Pläuschchen auf dem Flur, einen Schlagabtausch am Tresen, einen Small Talk am Spielplatz:

»Schon gehört? Hier hat ein komischer Typ die Kinder gefilmt.«

Zwei Tage später treibt sich, das wissen plötzlich alle ganz genau, regelmäßig ein Pädophiler im Park herum.

Wir Deutschen gelten in der Welt als Hasenfüße und Bedenkenträger. Es gibt sogar einen Namen für unsere Feigheit: *German Angst*. Das deutsche, kollektive Unterbewusstsein ist bekanntlich tief von Angst durchdrungen – Angst vor Veränderung, Angst davor, dass jede Veränderung mit Verschlechterung einhergeht.

Schon die Gebrüder Grimm thematisierten menschliche Urängste in Form von bösen Stiefmüttern, Hexen, sadistischen Rittern und bösen Wölfen, die sich in den Untiefen des deutschen Walds verbargen. Sie schrieben 1813 als Erstes die Volksweisen und Schauergeschichten auf, die seit Jahrhunderten durch die Dörfer der Fürstentümer und Kleinstkönigreiche geisterten, aus denen Deutschland wurde. Die Grimms glaubten an die »Heiligkeit und Wahrheit der Kindermärchen«.

Über die Notwendigkeit von Angst notierten die Grimms das »Märchen von einem, der auszog, das Fürchten zu lernen«.

»Ein Vater hatte zwei Söhne, davon war der ältere klug und gescheit, der jüngere aber war dumm, konnte nichts begreifen und lernen. Doch der kluge, ältere Bruder hat nachts Angst – der jüngere nicht. Auch er will lernen sich ›zu gruseln‹« …

Als Kind gefiel mir das Märchen, aber vor allem, weil Gespenster und Leichen darin vorkamen. Was es bedeutete, verstand ich erst später.

Es geht im Leben darum, für mich, meine Mutter und letztendlich für jeden, ein gesundes Maß Angst zu verwalten.

Wahrscheinlich hatte ich auch nicht zufällig einen Mann gewählt, der mit ähnlichen Problemen zu kämpfen hatte wie ich.

Camilo wurde nachts von der Angst überfallen. Nur nachts, wenn wir in unseren Betten lagen. Dafür mindestens einmal pro Woche. Es fing meistens mit den stumpfen Schreien an, die durch zusammengebissene Zähne kamen, deren Laute nicht menschlich, die fremd klangen. Das Gemurmel stieg crescendoartig an. Die Kiefer verloren den Kampf gegen die Dämonen, und die Schreie drangen laut und bedrohlich in die stille Nacht.

Wenn ich hochschreckte, wenn ich seinen Namen rief und seinen Arm packte, zog sich eine steinharte Gänsehaut über seinen Körper. Er wachte nicht auf, er wehrte sich gegen meine Hand, gegen mich. Schrie und wand und prügelte sich gegen eine gesichtslose Bedrohung aus der Tiefe seines Unterbewusstseins: Todesangst. Sie hatte seinen Körper fest im Griff, und ich schrie und rief ihn, bis er schließlich wach wurde und mich überrascht anschaute. Er erinnerte sich nur schemenhaft an seine Alpträume.

Pavor Nocturnus, den Nachtschreck, nennt die Medizin dieses Phänomen. Eltern kennen es von Kindern: In der Non-REM-Phase schrecken sie aus dem Schlaf, schreien, schwitzen, erkennen ihre Eltern nicht, sind nur schwer zu wecken und erinnern sich am nächsten Morgen an gar nichts. Die Anfälle kommen in unterschiedlicher Frequenz vor. Sechs Prozent aller Kinder sind betroffen, nach der Pubertät lässt das Leiden nach. Man geht von einer Reifestörung des Systems der Regulierung der Schlafphasen als Ursache aus. Psychoanalytisch ist der Pavor Nocturnus eine Angstreaktion auf täglichen Stress.

Erwachsene sind seltener davon betroffen. Es gibt auch nächtliche Panikattacken, die den Angsterkrankten nachts aus dem Schlaf reißen, sowie Alpträume als eigene Pathologie. Das, was Camilo nachts erlebte, manchmal mehr als einmal pro Woche, ging jedenfalls über »normale« Alpträume hinaus.

Camilo wurden 1970 im Süden Chiles geboren. Seine Eltern waren in der kommunistischen Partei und unterstützten den Präsidenten Salvador Allende. Nach dessen

Ermordung verfolgte Pinochets Junta die Anhänger gnadenlos, steckte sie in Konzentrationslager, folterte und tötete sie. 40018 junge Chilenen wurden innerhalb weniger Tage umgebracht – von gleichaltrigen Soldaten, von Klassenkameraden, von Nachbarn.

Camilos Vater floh mit dem Bus nach Argentinien. Seine Mutter, schwanger, folgte allein mit ihren drei Kindern. Bei der Stadt Nygen in den Anden überquerte die Familie die Grenze und ließ sich im Ort Bahia Blanca am Atlantik nieder. Doch nur zwei Jahre später kam es nach dem Putsch in Argentinien zu gezielten Fahndungen nach Exilchilenen. Die Familie suchte Asyl bei der UNO und wurde Deutschland zugewiesen. Als sie in Gießen im Auffanglager ankamen, war Camilo fünf.

Die Todesangst, die er damals auf der Flucht mit seinen Eltern erlebt oder zumindest bezeugt hatte, sitzt ihm bis heute in den Knochen. Der Körper vergisst nicht, heißt es oft, oder auch: Die Amygdala vergisst nicht. Die Familie seines Großvaters gehörte zur finanziellen Elite Chiles und verlor alles an die Diktatur. Die Erfahrung sagt also: Verlieren kann man alles, auch wenn man eigentlich alles hatte: Geld, Haus und Grund.

Unseren Sohn frei von unseren misslungenen Kindheiten zu erziehen schien mir beinahe aussichtslos. Dabei wollte ich nichts dringender, als ihm schöne, warmherzige Erinnerungen voller Liebe und Geborgenheit geben. Seine Kindheit musste nicht notwendigerweise in einem Haus mit Garten stattfinden, wie meine Mutter es sich vorstellte, auch nicht in einer Privatschule, sondern begleitet von einer stabilen, gesunden und selbstbewussten

Mutter. Das wurde jetzt also meine Aufgabe. Und ich hatte Angst davor.

ENTWURZELUNG

Das Ende der Komfort-Zone, des Berlin-Mitte-Bohemelebens, rückte näher, das fühlten wir.

Am letzten Tag des Jahres 2015 stand mein Nachbar Thomas, der in einem der oberen Stockwerke wohnte, an unserer Tür. Er hatte gleichzeitig bei unseren gegenüberwohnenden Nachbarn auf dem Stockwerk geklingelt, und so sprach er, nachdem wir geöffnet hatten, gleichzeitig mit Antonio von gegenüber und mit mir: »Unser Haus wurde verkauft. Es gibt angeblich eine neue Hausverwaltung. Ihr dürft auf keinen Fall eure Mieten auf ein neues Konto überweisen, bevor wir einen Grundbucheintrag gesehen haben! Es könnte sich um Betrüger handeln, und dann wäre unser Geld weg!«

Da standen wir vor dem gleichen Dilemma wie so viele Berliner in den letzten Jahren: Die Zukunft als Mieter in dem plötzlich entfremdeten Gebäude ist vollkommen ungewiss. Würde kernsaniert werden? Müssten wir alle ausziehen? Würde man uns rausekeln, wenn wir uns weigerten? Würde unser Haus in Ferienwohnungen umgewandelt? Wer würde uns ersetzen, wenn wir, einst Speerspitze der Gentrifizierung, ausgewechselt und abgestellt würden?

Noch am gleichen Tag recherchierten Camilo und ich

den mutmaßlich neuen Vermieter im Internet. Wir stießen auf allerlei Horrorgeschichten. Anscheinend hatte der Investor sich auf Häuser wie unseres spezialisiert, auf jene Relikte des Post-Wende-Berlins, in denen Duschen in der Küche und Toiletten auf der halben Treppe installiert waren und in den Treppenhäusern die Graffitis wesentlich besser aussahen als der marode, verwahrloste Putz an der morschen Wand.

Mieter, so lasen wir in Foren, würden durch Drohungen vertrieben, die sozial Schwachen zuerst. Die entsprechenden Häuser würden eingerüstet, mit Baumüll verdreckt, die Nerven der Bewohner mit Bohrern rund um die Uhr auf die Probe gestellt.

Noch bevor ein Brief eingegangen, bevor ein Hammerschlag getan wurde, raubte mir die Angst vor einem eventuellen Konflikt mit dem neuen Eigentümer den Schlaf. Wohin sollten wir ziehen? Der Schulweg war fußläufig. Wir waren nicht davon abhängig, beide Vollzeit arbeiten zu müssen, denn die Miete könnte jeder von uns auch allein bezahlen – bis jetzt. Und sollte die Suche andauern: Wohin mit unseren Sachen? Dieses herrlich bezahlbare, sichere Zuhause, das sich über zehn Jahre mit mir entwickelt hatte, vom aufgeplatzten, abgetretenen Ochsenblut zu den abgeschliffenen, lackierten Dielen, von den mit DDR-Raufaser versehenen und mit grüner Schwammtechnik gemalten Wänden zur grau-weißen, geometrischen Mustertapete, von einer partyfreundlichen Raucherwohnung zu einem Familienzuhause.

War ich bereit, meine Wohnung, meine erste wirklich eigene Wohnung loszulassen?

Die 15 Jahre lang antrainierte harte Schale, sie bekam durch so etwas Alltägliches wie die Aussicht auf einen Umzug einen Riss. Paranoia schoss in meinen angespannten Körper. Und da spürte ich sie ganz deutlich, die geballte Angst der Mittelschicht, zu der ich nun gehörte: Wohin? Was tun? Ich hatte einen Job bei einem Printmagazin, der wirklich alles andere als sicher war. Was tun, wenn Camilo und meine Beziehung nicht mehr so stabil wäre? Würde ich es mir leisten können, mich zu trennen, oder säße ich in der gleichen Falle wie Frauengenerationen vor mir? Fühlte meine Mutter sich so? War *das* ihre Angst, die atemlose, verstandaussetzende?

Ich hatte plötzlich kein Ohr mehr für Vernunftsbekundungen, kein Vertrauen ins Mietrecht. Wir waren allein, wir würden das verlieren, was wir uns aufgebaut hatten. Mein Ich von vor 15 Jahren behielt eben doch recht: Alles, was du besitzt, ist nur Last, es macht dich angreifbar.

Mir hatte mal ein Bekannter beschrieben, was für ein befreiendes, ja euphorisierendes Gefühl es war, einem wildfremden Menschen und Airbnb-Mieter die Schlüssel, Steuererklärungen, Safe mit Testament, Plattensammlung und Gitarren in die Hand zu drücken: Hier bitte, Fremder, hast du vier Wochen lang mein 39-jähriges Leben. Pass gut darauf auf. Oder auch nicht. Ich jedenfalls hab mal vier Wochen frei.

Was sollte ich tun? Mitte und sein Nicht-verwurzelt-Sein, sein halb ausgedachter, halb brooklynesker Charme, dem ich mich immer so nah gefühlt habe, waren zu meinem Zuhause geworden. Mit einem Glas Wein im Kopf sagte ich immer: »Ich möchte in Mitte begraben werden!« Tatsächlich fühlte ich genau das: Meine Asche sollte in die Erde des unvollständigen, konstruierten und doch irgendwie auf den Träumen der Halbwüchsigen aus den Neunzigern aufgebauten Stadtteils zurückkehren. Hier, dachte ich, gehöre ich hin. Nur konnte ich mir das nun absehbar nicht mehr leisten. Die Halbwüchsigen hatten ausgeträumt, bei einem Quadratmeterpreis von 20 Euro zur Miete und 5000-9000 Euro zum Kauf. War das überhaupt noch mein Mitte? Sollte meine Asche in vergoldete Erde?

Könnte ich einen Neuanfang wagen, den Symbolismus hinter mir lassen? Schließlich war ich doch über Mitte hinausgewachsen, ich war erwachsen geworden, hatte die Mäntel der Filmemacherin, der angloamerikanischen Zuwanderin abgelegt oder mit der Osnabrücker Schreiberin verschmolzen, ich brauchte den Kiez nicht mehr, damit er mir sagte, dass ich schon okay war.

Oder? Oder?!

NEULAND

An einem zugigen Wintertag zeigte mir eine befreundete Architektin eine Wohnung in ihrem unfertigen Haus am Gleisdreieckpark. Ihr Mann, ebenfalls Architekt, hatte es entworfen und gebaut. Er war mit seinem Berliner Büro als zeitgemäßer Verschönerer von Nachtclubs berühmt geworden, nun hatte er, zum ersten Mal, einen Wohnkomplex realisiert.

Während meine Freundin durch die Zimmer lief, erzählte sie, was sie und ihr Mann sich alles gedacht hatten: Bei den Rollläden (die den Balkon mit in die Wohnung integrierten), bei den Abstellkammern (da braucht man keine nervigen Aufbewahrungsmöbel!), bei den mobilen Treppenstufen in der versetzten Ebene (kann jeder so machen, wie er will). Es klangen so viel Stolz und Zärtlichkeit aus ihrer Stimme, als wäre ein Stück der jahrelangen Liebe des Paares in die nüchternen Wände miteingebaut. Hier ging es nicht darum, höchstmöglichen Profit zu erzielen, sondern darum, bei sich zu bleiben, sich einen Traum zu erfüllen. Das merkte man.

Es würde ein Erstbezug werden. Ein totaler Neuanfang. Ein Zuhause, das wir mitgestalten könnten. Als erwachsene Menschen, Eltern, die sich ihrer Erinnerungen, ihrer Geschichte und ihrer Ängste bewusst waren. Ein Wahnsinnsakt aus einem Moment der Klarheit heraus. Was konnte da schon schiefgehen?

Kaum hatten wir den Mietvertrag für die neue Wohnung unterschrieben, konnte ich nicht mehr schlafen. Nachts googelte ich Regelungen zur Mietvertragsaufhebung, überlegte mir Texte, die ich meiner Freundin vortragen könnte, um alles wieder rückgängig zu machen.

Meine Mutter hatte immer gesagt: »Irgendwann wohnt ihr in einer anderen Wohnung. Da bin ich mir ganz sicher.« Sie war sich sicher, damit sie sich besser fühlte, hatte ich ihr immer unterstellt.

Doch jetzt, nachts, wurde mir klar, dass ich uns nicht nur umziehen, sondern entwurzeln würde. Mein Sohn müsste die Schule wechseln. Er würde sich neue Freunde suchen müssen. Vielleicht wäre die neue Schule im Stadtteil Kreuzberg nicht so nett wie die im Stadtteil Prenzlauer Berg, wo er gerade so gut angekommen war.

Entwurzelung – war das nicht mein Thema gewesen? Kam es jetzt zurück, wegen eines Umzugs?

Wenn einmal die Hemmschwelle in Sachen Therapie gefallen ist, geht man ohne Scheu dorthin zurück, wie zur Massage. Auch vorsorglich, ehe es ganz schlimm werden kann. Ich fand wieder zu Frau Mühle, meiner Verhaltenstherapeutin. Sie musste mein Leben nicht mehr retten, sie musste nicht mehr für meine Mutter einstehen. Sie sollte nur mit mir an der aufkommenden Angst arbeiten. Ihr kleines Büro war im Hinterhof eines großen Bürokomplexes in der Nähe des Gendarmenmarktes. In einem spärlich, aber geschmackvoll eingerichteten Raum saß sie mir gegenüber und blickte mich an.

»Warum wollen Sie Mitte denn nicht verlassen?«

»Wegen meines Sohnes. Es geht ihm so gut in der Schule, er hat viele neue Freunde gefunden. Seine Lehrerin ist toll, er geht sehr gern hin, ich muss ihn nie überreden, mache mir nie Sorgen, wenn er im Hort ist. Das ist doch auch Lebensqualität?«

»Ja. Jetzt machen Sie mal Folgendes: Spielen Sie Ihr Leben in Mitte weiter. Wie sieht das aus?«

»Ich arbeite, Camilo arbeitet, unser Sohn geht zur Schule.«

»Und alles bleibt, wie es ist?«

»Na ja, mehr oder weniger.«

»Haben Sie nicht gesagt, Ihr Job ist nicht sicher?«

»Doch, aber ist ja meine Verantwortung. Ich finde schon was. Nur der Kleine …«

»Gibt es an Ihrer Schule Lehrerwechsel?«

»Ja, nach der zweiten Klasse.«

»Es könnte also durchaus sein, dass der nächste Lehrer weniger gut ist als der jetzige …«

»Ja.«

»Und was die Freunde ihres Sohnes angeht: Kann sich da nichts ändern? Eine Trennung? Berufliche Wechsel? Dann wäre der Status quo doch auch unterbrochen, oder nicht?«

»Hm …«

»Ihr Sohn wird in die neue Schule kommen, traurig sein und sich eingewöhnen. Er wird lernen, dass das Leben nicht perfekt und geradlinig verläuft, dass Menschen umziehen und wegziehen, dass Dinge in Bewegung sind. Ich sitze hier jeden Tag mit jungen, gut ausgebildeten Frauen aus tollen Elternhäusern. Ich nenne sie meine Düsseldorfer Mädchen. Ihre Kindheit war perfekt. Alles sieht nach Erfolg aus. Dann kommen sie zum Studieren hierher, sind depressiv und überfordert. Sie wissen manchmal nicht einmal, wie sie ihren leeren Kühlschrank füllen sollen – weil alles immer gleich blieb, weil Mama und die Schule alles erledigt und vorgedacht hat. Und dann machen wir hier Tagepläne und Wochenpläne … weil sie solche Angst haben.«

»Oh.« So konnte also *perfect parenting* auch enden.

»Wollen Sie das für Ihren Sohn? Oder wollen Sie, dass er flexibel und neugierig bleibt? Wie schätzen Sie die Chancen ein, dass Sie mit den Freunden aus der Schule Kontakt halten?«

»Hoch.«

»Sehen Sie. Er wird lernen, dass Dinge nicht verschwinden, dass Verlustangst oft im Kopf entsteht, nicht in der Realität. Er wird offen bleiben, er wird lernen, mit Konflikten umzugehen.«

»Und was, wenn er eine strenge Lehrerin bekommt?«

»Dann wird er das kennenlernen. Und damit fertig werden. Und Sie auch! Ziehen Sie um. Sie sind doch früher auch umgezogen. War je ein Umzug das Ende der Welt?«

Nein. Aber sie sah ja auch nicht meinen Sohn. Er umarmte jede Wand in unserer Wohnung und rief:

»Ich will nicht umziehen! Ich bin doch zufrieden mit unserem Zuhause!« Auch sein Schulkumpel bettelte mich auf dem Schulhof an: »Bitte nicht umziehen!«

Was er, was ich für ihn brauchte, war ein Rolemodel.

Der deutsche ESA-Astronaut Alexander Gerst war einer seiner großen Helden. Wenn das mit der Mittelfeld-Star-Karriere nicht klappen sollte, wäre das sein Plan B: wie Gerst werden.

»Der musste auch umziehen«, sagte ich, »auf die *ISS* nämlich. Die ist im Weltall. Das ist noch weiter entfernt als Schöneberg.«

Wir kannten einige Details aus Gersts Leben aus der »Sendung mit der Maus«. Dort hatten wir erfahren, dass der Astronaut nur eine ganz kleine Kiste mit persönlichen Sachen mitnehmen durfte und alle persönlichen Gegenstände, auch eine Plüsch-Version der WDR-Maus, vorher ins Labor mussten. Auf der *ISS* wurde alles anders für ihn. Er musste sich mit Waschlappen aus der Tüte waschen und schluckte Spezialzahnpasta. Er musste Russisch lernen.

Und schließlich zog Gerst nicht 7,8 Kilometer innerhalb von Berlin um, sondern 400 Kilometer in die Atmosphäre, ohne zu jammern.

»Wie ist es da oben?«, wollte mein Sohn wissen, »was machen die den ganzen Tag?«

Gute Frage. Im Internet, auf der ESA-Website, fand ich Folgendes und las es ihm vor:

»Die Astronauten erarbeiten medizinische und physische Experimente unter Bedingungen der Schwerelosigkeit. Denn in Schwerelosigkeit kommt es im Organismus zu Veränderungen, wie sie auch bei ›normalen‹ Menschen stattfinden. So altert die Haut schneller – man kann den Prozess wie im Zeitraffer verfolgen. Ein anderes Beispiel ist der Knochenabbau, von dem Astronauten ebenso betroffen sind wie Osteoporose-Patienten auf der Erde. Auch Blutproben, Sehtests und viele andere Untersuchungen gehören zu dem medizinischen Teil des Experiment-Programms.«

Hatten sie keine Angst?, fragte ich mich. Doch. 2007 gab ein Komitee im Auftrag des US-Senats in einer Studie bekannt, dass die *ISS* ein »gesundes und robustes Programm ist, was die Gesundheit und Sicherheit der Besatzung an Bord betrifft«.

Grauer Star käme häufiger bei Mitarbeitern vor und die Krebserkrankungen seien 2,48 Prozent höher als im Bevölkerungsdurchschnitt. Allerdings seien bei der Langzeitmission psychische Probleme die größte gesundheitliche Herausforderung.

Schließlich stieß ich auf einen weiteren Namen: Raphael Rose. Im Sommer 2015 hatte ihm die US-Raumfahrtbehörde NASA einen Millionenbetrag bewilligt, für die

Entwicklung eines Anti-Angst-Programms in Form einer App oder eines Computerprogramms für Langzeitmissionen, besonders die zukünftige bemannte Mars-Mission im All. Besonderer Schwerpunkt: die Mars-Mission. Sprich: Rose sollte Astronauten auf den Fall vorbereiten und trainieren, dass sie im All eine Angstattacke ereilte. Eine extremere und heiklere Lage ist wohl schwer vorstellbar. Dr. Rose musste demnach Tricks kennen, die weder Freud noch Frau Mühle kannten.

In diesem Moment dachte ich: *Die Lösung ist nicht in mir. Jedenfalls nicht nur. Sie ist irgendwo dort draußen.*

7

EIN ELTERNTEIL VERLIEREN

TERROR

Ein Mittwochvormittag im Mai. Es waren noch ein paar Wochen bis zu unserem Umzug, Berlin steckte gerade in einem dieser neuen, Post-Erderwärmungs-Hitzefrühlinge, und ich saß in der U2 und versuchte, mich bei Temperaturen um die 30 Grad auf ein Buch zu konzentrieren. Beiläufig registrierte ich, wie ein Mann, etwa 1,80 Meter groß, breit, muskelbepackt, am Alexanderplatz zustieg und sich gegenüber auf einen Sitz fallen ließ.

Kurz nachdem die Bahn sich in Bewegung gesetzt hatte, sah ich ihm mitten ins Gesicht. Er hatte froschartige rote Wangen und eine hohle Leere im Blick. Seinen Glatzkopf verdeckte er halb unter einer schwarzen Kapuze, die zu einem Allwetter-Anorak gehörte. An den Beinen trug er schwarze Combathosen mit ausgebeulten, weil offenbar schwer bepackten Seitentaschen. *Kein Wunder, dass seine Wangen knallrot waren.* Dazu schwere schwarze Schnürstiefel.

Ich befand mich in einer vorgezogenen Mittagspause, zu Hause müsste ich eine kaputte Waschmaschine abholen lassen, danach sofort wieder zurück zur Arbeit. Vom Potsdamer Platz zum Rosa-Luxemburg-Platz, und wieder zurück. Zwei Strecken, jeweils elf Minuten lang. Routine.

Schwarze Schnürstiefel und Combathosen. Sommer.

Wenn Berlins öffentliche Infrastruktur so etwas wie eine pulsierende Aorta hätte, wäre es die U-Bahn-Linie U2. Sie führt einmal quer durch Berlin, vom Gleisdreieck, wo sie sich mit den Kreuzberger und Schöneberger Linien trifft, durch die gesamte neue Mitte: Hausvogteiplatz, das New Downtown mit seinen sehr exklusiven Wohnadressen, Friedrichstraße in unmittelbarer Nähe des Bundesratsgebäudes sowie des Wirtschafts- und des Familienministeriums.

Dann Spittelmarkt und Neue Grünstraße, wo diverse neue Media-Unternehmen und natürlich das Auswärtige Amt sich angesiedelt haben. Schließlich Alexanderplatz, Verkehrsknotenpunkt, Sitz des Roten Rathauses, diverser Einkaufszentren, Touristenattraktion.

Würde man die Stadt verletzen oder lahmlegen wollen, wäre die U2 ein guter Ansatzpunkt. Warum? Weil sie unterirdisch und somit isoliert verläuft. Weil sie immer Einheimische und Touristen transportiert. Und weil sie im Gegensatz zu vielen anderen U- und S-Bahn-Linien Berlins einigermaßen zuverlässig und regelmäßig verkehrt. Würde man sie attackieren, gäbe es nicht nur zahlreiche Opfer, man hätte auch ein starkes, medienwirksames Symbol. Man träfe Berlin im Herzen.

Was würde Jenna jetzt tun?

Mein Freundin Jenna, die toughe New Yorkerin, gehörte zu den Berlinern, die bei Regen Fahrrad fuhren oder sich täglich den Berliner Staus aussetzten, nur um der klaustrophobischen Situation in der U-Bahn zu entgehen. Wenn sie es gar nicht vermeiden konnte, suchte Jenna sich einen Platz direkt neben der Tür, schloss die Augen und zählte stumm von 10 herunter. Sie atmete dann achtsam, versuchte es mit Yoga-Techniken. Bestenfalls erreichte sie ihren Zielbahnhof, bevor ihr die Anti-Panik-Techniken ausgingen.

Ich hielt das für einen Tick. Warum eigentlich? Weil ich auch die Ängste meiner Mitabiturienten, Mitbewohner, Mitmenschen lächerlich gefunden hatte. Und diese Ängste bis heute nicht ernst nahm.

Ihre Angst davor, dass man bei Facebook nicht lustig oder attraktiv oder interessant genug rüberkommen könnte. Dass man beim Tinderdate einem Psycho gegenübersitzen oder selbst total psycho rüberkommen könnte. Ihre Angst, nicht genug Follower auf Twitter oder Instagram zu haben und deshalb keine guten Jobs landen zu können. Ihre Angst, dass die Wirtschaft in eine weitere Krise rutschen und die drei Kröten, die sie auf die hohe Kante gelegt hatten, bald nichts mehr wert sein könnten. Ihre Angst, dass man selber blöde über Ängste rumlamentierte, während ganze Familien in Auffanglagern an der Grenze zu Mazedonien oder Großbritannien im Dreck hausen, und das mitten im (immer noch!) reichen Europa.

Ihre Angst, dass die jungen Menschen in diesen Auffanglagern verbittert in ihre kriegs- und krisengeschüttelten Heimatländer zurückkehren, sich dort Extremisten anschließen und dann Bomben auf sie werfen könnten, beim Abendessen im Restaurant, der letzten kleine Freude nach Feierabend von ihren Stumpfsinnsjobs.

Ihre Angst, dass sie selbst zu dem werden könnten, was sie nie sein wollten, nämlich ein angstgesteuerter Hetzer, der in der Einsamkeit der Wahlkabine das Kreuz bei Parteien macht, deren Grundwerte nicht auf Einheit und Gleichheit, sondern auf Angst und Abgrenzung beruhen.

Und vor allem: Ihre Angst, dass sie niemals ein Leben wie ihre Eltern führen könnten. Sicher, friedlich, vorhersehbar, vorsorgend, vollständig, mit Haus, Vorgarten, Terrasse und Auto deutschen Fabrikats. Normal.

Natürlich hätte keiner meiner Mitabiturienten im Jahr 1997 den Instagram-Boom, die massiven Veränderungen durch das Internet oder den Terrorkrieg vorhersehen können.

Eine zentrale Angst damals war beispielsweise, ob die T-Aktie beim größten Börsengang der deutschen Geschichte genug Rendite für Kleinanleger abwirft (tat sie übrigens nicht: In den kommenden Jahren werden sich durch die T-Aktie über 300 Millionen Euro Sparguthaben in Luft auflösen).

Aber dann flogen die Flugzeuge in die Twin Towers. Und damit war die Aussicht auf ein gesichertes Leben dahin.

Der von einigen erwartete Dritte Weltkrieg blieb zwar aus, aber damals brach die allgemeine Verunsicherung herein. Terrorkrieg, Digitalisierung der Arbeitswelt – viele Gewissheiten waren dahin.

Mir machte all das keine Angst. Nicht bis zu diesem Vormittag.

Unvermittelt spürte ich ein so starkes Kribbeln, dass ich mich nicht mehr auf die Geschichte in meinem Buch konzentrieren konnte. Ich musterte verstohlen den Kerl in seiner schwarzen Kluft. Auf dem Boden, direkt vor seinen Füßen, stand eine große schwarze Sporttasche, deren Henkel er fest mit einer Hand umklammerte.

Mein Herzschlag wurde schneller. Ich spürte meine Handinnenflächen, das Atmen wurde anstrengend und Bilder drängten in meinen Kopf. Madrid, Erfurt, *Charlie Hebdo* – so unterschiedlich die Anschläge waren, eines verband sie; die Attentäter waren stets Männer in dunkler Kleidung gewesen. Angreifer kleiden sich nach dem Vorbild von Einsatztruppen, in Militärkleidung oder in paramilitärischen Outfits. Das hatte ich mal für einen Artikel recherchiert. »Das Styling eines Killers ist zentral«, schrieb James L. Knoll IV, Direktor der forensischen Psychiatrie an der State University of New York's Upstate Medical University.

Ich versuchte ruhig zu bleiben, zu resümieren, blickte mich um. Da saß noch ein Herr, sein Hemd war unter den Achseln durchgeschwitzt, sein Blick klebte an seinem Handy, das Jackett lag achtlos geknüddelt auf dem Nebensitz. Er wirkte nicht, als würde er sich im Ernstfall blitzschnell mit einem Attentäter anlegen.

Hinter ihm mühte sich eine junge Frau in Sommerkleid und Flip-Flops, ihr quengelndes Kind zu beruhigen. Ihr Junge versuchte sich mit seiner ganzen Kraft aus dem Buggy zu winden. *Ich will rauuus*, quengelte er, *raaaahhhhaaaaauus*. Seine Worte formierten sich plötzlich zu Gewissheiten in meinem Kopf:

Keiner wird hier rauskommen, nicht der Mann mit dem Handy, nicht die Mutter mit dem Kind, nicht das Touristenpaar mit identischen Rucksäcken und Trekking-Sandalen, und ich auch nicht.

Meine Gedanken rasten nach Madrid, zum Attentat vom 11. März 2004. Das Datum hatte sich in meinem Kopf eingeprägt, weil damals Freunde von mir in Madrid einen Werbespot drehten. Ich konnte sie über Stunden nicht erreichen und wurde fast verrückt – völlig ungeachtet der Tatsache, dass ein Werbefilmregisseur und ein Kameramann wahrscheinlich nicht in einem Pendlerzug um 6 Uhr morgens sitzen würden.

Ich sah die Bilder des versprengten Zuges, ich roch das Blut, hörte die Schreie, Wimmern, Weinen. Der Mann in Combatkleidung würde in wenigen Augenblicken aufstehen, ein Maschinengewehr herausholen und wahllos auf die vielleicht vier nächsten Passagiere schießen. Ich spürte den Geisterschmerz. Das Gefühl von den eigenen, brechenden Knochen, das Gefühl des Aufpralls, wenn der eigene Körper einen destruktiven Widerstand trifft. Schmerz, Verletzlichkeit, Endlichkeit.

Der Junge im Waggon schrie jetzt noch lauter. Wenigstens würde er mit seiner Mutter gehen, dachte ich in einem Anfall furchtbaren Egoismus. Mein eigener fünfjähriger Sohn würde seine Mutter in einem willkürlichen Terrorakt verlieren. Er würde sich später kaum an mich erinnern können. Ich würde ihn nicht mehr als Schulkind kennenlernen, nicht bei Spielen mit seiner Fußballmannschaft, würde Geburtstage verpassen, ihn nicht großziehen, fürs Leben lieben und stark machen können. Sein weiterer Weg würde in diesem Augenblick, in dieser U-Bahn vollständig neu ausgerichtet: Aus der behüteten Kindheit mit Familienausflügen und nächtlichem Getapse im Flur, das immer in unserem Bett endete, würde ein Leben als Halbwaise.

Ich blickte in das Schwarz des Tunnels, dann auf meine Hände, die angefangen hatten zu zittern. Ich war ausgeliefert, 10 Meter unter der Rosenthaler Straße, nur einen Katzensprung von meinem Zuhause entfernt. Und dann stoppte die Bahn mit diesem rabiaten Berliner Bremsen. Ich schleuderte vor und zurück. Wir hatten den Bahnhof erreicht. Sicher und lebendig.

Die Türen schoben sich auf, der Mann in Schwarz hob seine Tasche und schlurfte Richtung Tür, ließ mir höflich den Vortritt und verließ nach mir den U-Bahn-Wagen. Als ich zitternd an ihm vorbeiging, erkannte ich ihn. Er war der Obdachlose, der jeden Tag am Eingang des U-Bahnhofs mit einem zerknautschten Kaffeebecher in der Hand stand und die Zeitschrift *Der Straßenfeger* verkaufte. Jeden Tag ging ich an ihm vorbei, zwei Mal.

Auf wackeligen Beinen rannte ich die Treppe hinauf, kaufte mir eine Flasche Wasser, ein Verdacht stieg in mir auf – hatte ich wirklich gerade eine Panikattacke erlitten? Ich rief Jenna an. »Klingt ganz so«, bestätigte sie. »Vielleicht wirst du nie wieder eine haben, vielleicht hast du jetzt ständig welche …«

Nachdem die Handwerker meine Waschmaschine eingeladen hatten, hetzte ich zurück zum Potsdamer Platz. Vierzig Minuten lang, zu Fuß, in sengender Mittagshitze. Und begann zu recherchieren. Ratgeber und Selbsthilfegruppen, zugeschnittene Verhaltenstherapien und medikamentöse Behandlungen. Mit jedem Hinweis kamen Erinnerungen zurück. Mit jedem Betroffenenbericht wurden die alten Bilder schärfer.

Die folgende Nacht war heiß und schwül, ich lag wach, während meine Familie ruhig schlief – ich konnte sie atmen hören. Getrieben von der abgestandenen Hitze kreisten meine Gedanken um meine Mutter, um mich als Kind, allein in meinem Zimmer, während meine Mutter krank vor Angst im Bett lag. Wenn ich wie sie würde, wenn ich nicht funktionierte, wenn mir schlimmstenfalls etwas zustoßen würde, fiele das Leben meines Kindes ins Chaos, sein Alltag würde irreversibel verändert. Er würde viel zu früh Einsamkeit, Überforderung und Furcht kennenlernen. Er würde kein Vertrauen in eine Welt fassen, in der seine Mutter nicht für ihn da sein konnte. Er würde denken, er sei anders als alle anderen. Dass er sich Anerkennung erkämpfen müsste, weil er der mit der abwesenden Mutter war.

Kurz – er würde werden wie ich.

Mit einem Schlag erkannte ich den Zusammenhang zwischen dem, was heute in der Bahn passiert war und dem, was meine Mutter und das Mutterwerden miteinander zu tun hatten. Ich steckte jetzt in ihren Schuhen, ich hatte Verantwortung für meine eigene Geschichte und die meines Kindes. Das Kind von Angstpatienten, das war mir klar, hat die Disposition dazu, selber Angstpatient zu werden. Ich gehörte zu einer gefährdeten Gruppe. Hatte ich all die Mutproben in meinem Leben absolviert, um jetzt klein beizugeben? Mein Leben zu einen Spießrutenlauf aus Vermeidung und Furcht verkommen zu lassen, so wie sie es getan hatte?

Nein. Und ich wusste in dieser Nacht, was zu tun war.

Erstens: Ich würde wieder U-Bahn fahren.

Zweitens: Ich würde die Augen aufmachen, offen sein, Bewusstsein zulassen statt vermeiden.

Plötzlich stieß ich überall auf Angst, überall, es war, als hätte die Attacke einen Filter von meinen Augen genommen (oder einen drübergelegt).

Ich schrieb eine E-Mail an Freunde und fragte sie, wovor sie Angst hatten:

»Ich habe Angst vor Altersarmut.«

»Ich habe ganz dolle Angst davor, eine schlechte Mutter zu sein.«

»Ich habe mittlerweile wirklich Angst zu fliegen. Eigentlich will ich gar nicht mehr fliegen, nur noch, wenn es unbedingt notwendig ist.«

»Ich habe Angst vor Terroranschlägen, ich mag gar nicht mehr in Länder wie die Türkei, Marokko oder Tunesien in den Urlaub fahren.«

»Ich habe Angst vor Krebs. Ehrlich gesagt, gehe ich nicht zum Arzt, weil ich jedes Mal Angst habe, dass ich beim nächsten Arztbesuch diagnostiziert werde.«

»Ich habe Angst, auf Kosten anderer glücklich zu leben. Ich habe Angst davor, dass unser Reichtum am anderen Ende der Welt Menschen tötet.«

»Ich habe Angst davor, die Schulden für meine Wohnung und mein Auto nicht zurückzahlen zu können.«

»Ich habe eine diffuse Angst vor dem Tod. Ich sehe ihn an jeder Ecke. Manchmal liege ich nachts im Bett und habe Angst, nicht mehr aufzuwachen, wenn ich erst mal eingeschlafen bin.«

»Ich habe Angst vor dem Altwerden. Ich spüre den Verfall, die schwindende Fitness. Jetzt gehe ich jeden Tag schwimmen, der Eintritt kostet bis zu 5 Euro pro Mal. Kannst Du Dir eigentlich vorstellen, wie teuer das auf die Dauer ist?! Warum fragst Du? Ich dachte, Du hättest keine Angst vor nix! ☺«

Alle hatten Angst, und gute Gründe dafür. War das immer schon so gewesen? War Angst längst eine kulturelle Strömung, die ich jahrelang nicht ernst genommen habe? Warum war ich immer so verächtlich gewesen? Hatte ich sie ausblenden, bagatellisieren und wegschieben wollen, weil sie in meiner Kindheit das allgegenwärtige Thema war, neben dem ich keinen Platz hatte?

»Ich dachte, Du hättest keine Angst vor nix«, hatte einer meiner ältesten Freunde geschrieben. Richtig, denn mich kannte man, von außen betrachtet, als die Mutige. Die, die ihre Sachen gepackt und ohne Geld und Plan nach London gegangen war (und dort Angst hatte). Ich war diejenige, die mit 22 Jahren eine Firma gegründet, sie gegen die Wand gefahren und trotzdem weitergearbeitet hatte (weil ich unglaubliche Angst hatte). Ich war diejenige, die mit 16 in ein fremdes Land, mit einer halbgekonnten Sprache gezogen war (na ja, da überwog der Eskapismus). Ich war diejenige, die alleine in den Urlaub fuhr und alleine ausging. Die niemals mehr Komfort-Zone als eine Wohnung, ein paar nette Klamotten und CDs gebraucht hatte. Trotzdem: Ich hatte mich falsch verkauft. Ich hatte mir fünfzehn Jahre lang nicht eingestanden, dass die Geister meiner Mutter mich nicht losgelassen hatten – ich hatte mich eben nur an ihre Anwesenheit gewöhnt.

Wie ich herausfand, gab es einen Neurobiologen, der als Angstforscher in Münster arbeitete. Außerdem gab es im fernen Los Angeles diesen Mann, der Anti-Angst-Programme für die NASA und somit für ein Worst Case Scenario entwickelte.

Ich werde ausziehen, dachte ich, *und sie alle treffen. Ich müsste sie dazu befragen, warum meine Mutter so leiden musste. Und herausfinden, welche Tricks es gäbe, mich und vor allem meinen Sohn vor etwas Ähnlichem zu bewahren.*

Danach würde ich ein Buch über meine Erfahrungen schreiben. Darin jene Ängste beleuchten, mit denen ich aufwuchs, und auch die, die mir später im Alltag begegneten, oder solche, von denen ich las. Ich würde aktuelle Studien auswerten, Kongresse besuchen, auf neue Therapieansätze stoßen, Selbstversuche machen, Hirnscans anfertigen lassen, Betroffene und Ärzte, Pharmakologen, Chemiker, Apotheker und sonstige Experten des Limbischen Systems interviewen.

Wenn möglich, würde ich meine Mutter zu einem dieser Experten mitnehmen. Und ihr vielleicht endlich die Hilfe zukommen lassen, die sie in den 80er Jahren nicht bekommen hat, weil niemand öffentlich über diese Dinge sprach.

QUANTENSPRUNG

Ein paar Wochen später brachte ich meinen Sohn für ein paar Tage zu meinen Eltern. Kurioserweise machte meine Mutter sich als Großmutter sogar ziemlich gut; vielleicht, weil die Verantwortung für die Sicherheit ihres Enkels letztlich Camilo und ich trugen und nicht sie. Seit Jahren war meine Mutter quasi gesund, doch im letzten Jahr häuften sich körperliche Gebrechen – Rückenschmerzen,

Erschöpfung und, so vertraute mir mein Vater in einer ruhigen Minute an, auch wieder Angst.

Doch ich hätte es auch selbst gesehen. Als wir am Deich an der Nordseeküste im ostfriesischen Küstenort Hooksiel entlangspazierten, meine Eltern hatten dort vor Jahren ein Haus gekauft, erkannte ich die Angst in ihrem Körper sofort: Sie lief »wie auf Eiern« (so nannte sie das selbst), wackelig, vorsichtig, nicht sicher auf dem Boden stehend. Und ich witterte meine Chance:

»Mama«, sagte ich. »Ich glaube, ich hatte eine Panikattacke. Ich würde mich gern noch mal mit Angst beschäftigen – es gibt ein paar Experten in Münster, die Angst erforschen …«

Meine Mutter blickte auf ihre Füße.

»Ach – weißt du was? Wir haben bei Omas Sachen noch ganz gut erhaltene Bettwäsche gefunden. Du magst doch weiße Bettwäsche, oder? Mir ist das nichts, da komme ich mir vor wie im Krankenhaus …« Sie hatte also auch panische Angst, so zu werden wie ihre Mutter, so wie ich.

»Mama«, setzte ich noch mal an. »Ich möchte ein Buch über Angst schreiben. Und ich würde mich sehr freuen, wenn du mir dabei helfen könntest.«

Sie schwieg.

»Es gibt mittlerweile so viele gute Experten und vielversprechende Behandlungsmöglichkeiten. Die Forschung hat in den letzten 20 Jahren Quantensprünge gemacht. Man weiß heute, was Panikattacken im Kopf auslöst, wie sie entstehen und wie man sie gezielt behandeln kann.«

Sie ging einfach stur schweigend neben mir, also quasselte ich weiter wie ein Wasserfall. »Mittlerweile leiden dreißig Prozent aller Deutschen unter psychischen Krankheiten, die meisten davon unter Angst. Sie fehlen im Monat im Schnitt fünf Tage wegen ihrer Erkrankung in der Arbeit, was natürlich das Gesundheitssystem belastet …«

In den Augen meiner Mutter sah ich nur Müdigkeit. Sie war der Angst überdrüssig, nach einem ganzen Leben voll davon. Nicht mal ein Gespräch wollte sie darüber führen.

»Ich will aber meine Privatsphäre nicht aufgeben«, sagte sie schließlich.

»Das musst du doch auch nicht. Es geht nur darum, dass man Aufklärung und Anerkennung dieser Krankheit immer noch verbessern kann. Und so vielleicht vielen Menschen hilft.«

Hörte sie mir zu? Egal, ich redete weiter.

»Ich habe einen ehemaligen CEO interviewt, der beim MRT vor Angst zwei Vollnarkosen brauchte, um endlich still zu liegen. Sie haben ihm Blut abgenommen. Er hatte genug Adrenalin im Blut, um zwei Marathons hintereinander zu laufen …«

Meine Mutter blickte in den weiten Himmel über das platte Marschland des Nordens. Kein Berg, kein Hügel, kein Hochhaus versperrte den Blick. Die Landschaft verbarg keinerlei Geheimnisse, keine Verstecke – was ich als langweilig empfand, gab meiner Mutter offenbar ein Gefühl von Sicherheit. Hier lauerte nichts. Kein Abgrund, keine Serpentine, keine Enge.

Schließlich sagte sie, ohne mich anzuschauen:

»Na gut. Aber ich will nicht, dass du meinen Namen

nennst. Und wenn ich nicht mehr kann, dann kann ich nicht mehr.« Danach schwieg sie.

Ich war mir nicht ganz sicher, ob ich sie richtig verstanden hatte. Aber es war klar, dass wir an diesem Tag nicht mehr über das Thema sprechen würden.

Also begann ich.

WIE ICH MEINER MUTTER DIE ANGST ERKLÄREN WILL

Liebe Mama.

Meine ersten Termine für mein neues Buch haben bereits stattgefunden.

Der in der Physiologie I Fakultät in Münster wäre einer gewesen, der Dir schon im Vorfeld den größten Kummer bereitet hätte.

Denn einer Deiner persönlichen Dämonen ist: »die Röhre«.

Irgendwann, vermutlich in den 80er Jahren, hattest Du mal einen Fernsehbericht über Computertomographie im Fernsehen gesehen: Ein Mensch wurde in eine sargartige, weiße Röhre gefahren und musste eine Stunde lang dort verharren, bis sein Körper scheibchenweise durchleuchtet war.

Allein der Gedanke an die verdammte Röhre bereitete Dir Panikattacken, so als hätten sich Deine Urängste in diesem Bild des Ausgeliefertseins, Lebendig-begraben-

Seins manifestiert. Wenn Du nachts die Augen schließt und an das Böse denkst, siehst Du die Röhre, richtig?

Selbstverständlich warst Du bis jetzt nie in so einem Scanner. Ich schon, als man mit einem MRT einen Nierenstein in meinem Körper lokalisieren wollte. Als angenehm kann man das nicht bezeichnen, denn man muss still liegen, es ist irre laut, und tatsächlich bekommt man irgendwann Atemnot. Man fühlt sich eingeengt, doch ich wollte es neulich noch einmal machen. Freiwillig.

Warum?

Um Bilder von meinem Gehirn zu bekommen, während ich Angst habe. Um diese Angst in meinem Kopf sichtbar zu machen, wollte ich einen Hirnscan machen lassen, medizinisch fMRT genannt, um Dir zu zeigen, dass die Angst, die Dich wie ein Poltergeist seit Jahrzehnten quält, auch nur ein einfacher, physischer Vorgang ist. Kein Hexenwerk, keine Besessenheit, sondern ein Ablauf im Kopf.

Das sage ich mir selbst auch. Jeden Tag, seitdem ich selbst eine Panikattacke hatte, stelle ich mich vor die Wahl: mich der Angst ergeben oder nicht. U-Bahn fahren oder nicht. Nach London fliegen oder lieber nicht. Auf ein Konzert gehen oder doch lieber im (vermeintlich) sicheren Zuhause bleiben.

Und ich fahre U-Bahn. Fliege. Gehe aus. Ich weigere mich, der Angst nachzugeben, denn ich habe Dich leiden sehen. Dein Leiden hat mich auch dann noch begleitet, als wir schon längst nicht mehr unter einem Dach lebten, als es Dir längst besser ging. Und ich entscheide mich jetzt, an dieser Stelle, die selbsterfüllende Prophezeiung zu kappen: Du hast mir mehr mitgegeben als nur Angst.

Also wollte ich mich in die Röhre schieben lassen, um für uns beide zu lernen, dass, außer Unwohlsein, absolut gar nichts darin passieren wird. Nichts.

In Münster arbeitet ein Neurophysiologe namens Prof. Dr. Pape, einer der wichtigsten Angstforscher Deutschlands. Für ihn ist Angst eben kein emotionales Monster, sondern ein Forschungsgebiet. Ich fuhr zu ihm, erst nach Osnabrück, dann dreißig Minuten mit dem ICE nach Münster. So wie wir früher, zum Schuhekaufen. Papa hatte Baustellen da.

Die Stadt erschien mir so hoffnungsvoll, die Äste bogen sich fast unter der Last der Blüten. Als Kinder haben wir Sonntagsausflüge hierher gemacht, ehe Du zu krank dafür wurdest. Weißt Du noch? Einmal gingen wir in den Zoo, und es schüttete wie aus Eimern. Ich erinnere mich noch ganz genau, wie wir Geschwister in unseren Regenmänteln und Gummistiefeln durch den »Allwetterzoo« stampften. Nur weiß ich nicht mehr, wann das war – war Jessica dabei? Oder war es vorher?

Ich erinnere mich noch genau an die Besuche im Aaseebad, diesem Spaßbad mit Wellenanlage. Lisa kam oft mit, ich habe den Geruch von Pommes und Chlorwasser in der Nase, wenn ich nur daran denke. Ich weiß noch, dass Du nicht mit uns rutschen wolltest, weil Du nicht mit dem Kopf unter Wasser kommen wolltest. Danach: Eis am See.

Und nur weniger Meter von diesen Kindheitsmomenten war das Gebäude, in dem ich mit Dr. Pape verabredet war.

Als ich noch Schülerin war, galten Naturwissenschaften als Loserfächer für Langweiler. Ein Mensch mit Gefühlen und Kreativität – oh ja, wie ich, Mama – hätte niemals seine Gehirnfunktionen für Chemie, Bio, Mathe oder gar Physik verschwendet (wie verblasen das war). Menschen wie wir interessierten sich natürlich für Geisteswissenschaften (jaja).

Heute weiß ich, dass die wirklich hellen Geister sich genau dadurch auszeichneten, dass sie früh die Relevanz von Naturwissenschaften und deren Verknüpfungen mit allem anderen verstanden haben. Besser spät als nie, oder, Mama? Oder?

Dr. Pape wartete schon im Flur seines Büros im vierten Stock auf mich. Er gehört zu den Pionieren seines Bereichs, gilt als einer der weltweit führenden Hirnforscher in Sachen Verhalten, besonders Angst und Furcht.

Die Neurowissenschaft und die Psychologie unterscheiden, ganz im Sinne des Philosophen Søren Kirkegaard und Sigmund Freuds, streng zwischen den Begriffen »Angst« und »Furcht«: Furcht ist immer objektbezogen, Angst ist ein schwammiges, nicht zuzuordnendes Gefühl. Beides kennst Du. Natürlich weißt Du auch, dass außerhalb der Forschung die Grenzen zwischen Furcht und Angst sehr wohl verschwimmen können.

Dr. Pape hat in Bochum, Essen und Yale studiert, 2006 wurde er Lehrer des Jahres an der Wilhelm Universität, 2007 gewann er den Max-Planck-Forschungspreis, die Urkunde hängt in seinem Büro. Ursprünglich stammt er aus Bad Oeynhausen, er wirkt vertraut westfälisch, zugänglich, Du würdest ihn mögen.

Sein Fachgebiet ist allerdings weniger zugänglich. Um Furcht und Angst neurobiologisch zu verstehen, müssen wir ein paar medizinische Fakten verstehen. Wenn es Dir zu viel wird, überspringst Du die nächsten Absätze einfach:

Wenn Du Angst bekommst, werden in der Hirnanhangdrüse Stresshormone freigesetzt. Dein Herz fängt an zu klopfen, Du bekommst eine Gänsehaut. Dir wird schwindelig. Dein Körper reagiert auf die Angst in Deinem Kopf.

Diesen Prozess kann man sichtbar machen, mit einem EEG. Du kennst doch noch EEGs, oder? Als mein Bruder die Gehirnerschütterung hatte, musste er eines machen. Ich weiß es noch genau: Er musste eine Art Badekappe aufsetzen, an der Elektroden angeschlossen waren, die seine Hirnwellen gemessen haben. Das ist ein EEG.

Und in genau diesen EEGs kann man den Angst-Rhythmus sichtbar machen. Dieser gleichmäßig ausschlagende, auf Papier fast beruhigend gleichmäßig aussehende Wellenschlag hat Dich so lange gequält.

Doch ich wollte ja in die Röhre. Also fragte ich Dr. Pape: »Kann ich im Scanner meine Angst sehen?«

Dr. Pape ist ein direkter Mensch. Entsprechend antwortete er: »Warum wollen Sie das denn machen? Im Scanner sehen Ihre Angst und Furcht aus wie die von jedem anderen auch. Tun Sie sich das doch nicht an.«

Jetzt muss ich ein Geständnis ablegen. Ich war schon mal in einer ähnlichen Situation, in der ich ganz wild entschlossen war, ein Opfer für Dich und Deine Krankheit zu bringen und scheiterte. Vor vielen Jahren habe ich nachts Deine Anti-Angst-Tabletten aus dem Schrank geholt und wollte sie nehmen. Um sie zu testen. Für Dich. Ich wollte Dir so gern helfen, wusste aber nicht wie. Damals habe ich mich nicht getraut, das Tranxillium zu schlucken. Heute würde ich laut der Meinung eines Fachmanns meine Zeit in Deinem Scanner vergeuden. Ich würde ein Opfer bringen, das niemandem hilft.

Dr. Pape erklärte mir, dass Angst und Furcht in der Neurobiologie einen Sonderstatus einnehmen. Weil sie stammesgeschichtlich so alt sind, ist die Entstehung des sogenannten Angstgedächtnisses ein wiederkehrender, einfacher Prozess. Die meisten Gehirnaktivitäten sind komplex und schwer zu erforschen, doch die Angst funktioniert immer gleich. Deswegen kann man Angst so gut erforschen und eben immer besser behandeln.

Ereignisse, die Angst auslösen, prägen sich ins Gedächtnis ein. Sie werden beim nochmaligen Erfahren wieder abgerufen. Deswegen hast Du schon Angst, wenn Du Dich in eine ähnliche Situation begibst – bevor überhaupt etwas Bedrohliches passiert ist. Denn wir lernen, wie Dr. Pape sagt, assoziativ. Er erklärte es mir am Beispiel eines Hundes.

»Wenn wir als Kind erfahren, dass ein Hund nicht nur ein nettes Wesen zum Streicheln, sondern auch ein aggressives, kläffendes Tier ist, verknüpfen wir das im Gehirn. Wir legen durch einen zeitlichen Takt (7 Hertz) die entsprechend verknüpften Nervenzellen an (Furchtgedächtnis). Wenn irgendein Hund Jahre später mit ähnlich aggressivem Verhalten wieder auf uns zukommt, empfinden wir das Ganze als problematisch, weil die gleichen verknüpften Nervenzellen das Ereignis wieder abspielen. Wir erinnern uns.«

Wie Feuer und Hitze, die Dir bis heute Angst machen.

Dein Feuer-Furchtgedächtnis wurde an dem Tag angelegt, an dem Du Dich an diesem Ofen verbrannt hast.

Wie anfällig jemand für Furcht und Angst ist, ist offenbar von sehr unterschiedlichen Faktoren abhängig:

- der genetischen Veranlagung
- der Lebensgeschichte
- der aktuellen Stimmung.

Dr. Pape hat 2013 in einem Experiment Menschen Ängste in den Kopf gepflanzt (er mag diesen Begriff nicht – zu salopp für seinen wissenschaftlichen Geschmack, aber ich erkläre es Dir jetzt einfach mal so). Er hat seine Probanden »furchtkonditioniert« – das heißt darauf trainiert, vor Räumen Ängste zu entwickeln, indem er ihnen einen leichten Stromschlag versetzte, wenn sie einen bestimmten Raum betraten. Das Gehirn legte die neutrale Erfahrung »Raum« dann zusammen mit der unangenehmen Erfahrung »Stromschlag« ab.

Was das beweist? Ganz einfach, dass wir Menschen Angst lernen können.

Ich habe Dr. Pape erzählt, dass Du, als ich ein Kind war, spezifisch Angst vor Menschenmassen, vor Höhe hattest. Und sich daraus ein ganzer Haufen diffuser, schwer zu definierender Ängste bildete, Angst vor engen Räumen, Platzangst, alles Mögliche.

»Was hätten Sie ihr geraten?«, habe ich ihn gefragt.

»Ich hätte gesagt: Gestalten Sie Ihr Leben so, dass Sie furchtauslösende Situationen vermeiden können.«

»Das hat sie versucht – daraufhin konnte sie das Bett nicht mehr verlassen.«

»Die andere Möglichkeit ist eine kognitive Expositionstherapie: Stellen Sie sich Ihrer Angst und lernen Sie, diese Angst zu überschreiben, indem Sie sich immer wieder dieser Situation, vielleicht in abgestufter Form, aussetzen. Lernen Sie, dass nicht jedes Flugzeug, in dem Sie sitzen, vom Himmel fällt.«

Davor hattest Du auch Angst, vor der Konfrontation. Ich erinnere mich an die Gespräche mit Frau Brüggen, darüber, ob Du den Mut finden würdest, mit ihr in die Stadt zu gehen. Du hast ihn nicht gefunden.

Auch da gibt es mittlerweile Möglichkeiten, wie ich von Dr. Pape erfuhr, nämlich die »Virtual Reality Exposition«. Es wurde mein zweiter Termin. Angst bekämpft man heute mit Hightech, stell Dir vor, Mama.

Ich war in einem hochmodernen Virtual Reality Labor namens »Cave« an der Psychologischen Fakultät der Uni Würzburg. Dort werden Menschen von ihren Phobien kuriert, indem man ihnen, in der Sicherheit eines abgeschlossenen Raumes, virtuell ihre Ängste vor Augen führt.

Patienten und Probanden stehen verkabelt auf einem sogenannten Holodeck, mit einer riesigen 3-D-Brille auf.

Ich hatte vorher in einem Fragebogen »Höhenangst« angegeben und wurde in eine virtuelle Bergwelt versetzt, mit Hügeln und Feldern, mit Wegen und Bänken, mit anderen Spaziergängern. Ich sollte zum Aussichtsturm laufen. Leichter gesagt als getan, denn ein Spaziergang in der virtuellen Realität fühlt sich anders an als einer im echten Leben. Ich sah in der Brille einen hügeligen, unebenen Weg, lief aber im Labor ganz gerade auf einem ebenen Boden. Trotzdem war die Simulation realitätsgetreu, zu den Bildern hörte ich eine vollständige Soundkulisse.

Zwitschernde Vögel. Gräser, die sich im Wind hin und her wiegten, und meine Schritte auf dem Laborboden machten das Geräusch, das in der realen Welt auch entsteht, wenn Füße auf sandigen Boden treten – es knirschte. Dazu rauschte eine leichte Brise, von der ich hätte schwören können, dass ich sie auch auf meinem Gesicht spürte …

Weißt Du noch, im Wanderurlaub mit Jessica in der Schweiz? Als wir den ganzen Tag unterwegs waren und Du an einer Schlucht vor Schwindel nicht mehr weiterlaufen konntest? Ist es das, was Du gefühlt hast, wenn die Angst kam: dass Wahrheit und Gefühl nicht mehr analog laufen?

Die Wissenschaft arbeitet daran, Angst aus dem Gedächtnis zu löschen. Vielleicht können sie in ein paar Jahren Deine Erinnerungen an die Verbrennungen auslöschen oder die an Deinen strafenden Vater. Oder an die Jahre der Angst. Was würdest Du auslöschen lassen? Was würdest Du behalten? Was würde ich behalten? Würde ich meine Erinnerungen an Jessica löschen?

Wenn Neurowissenschaftler sagen: Wir sind unsere Erinnerungen – welche Erinnerungen würdest Du behalten müssen? Und welche sind die Angst, die Dich, die unser Leben so schwierig gemacht haben?

Ich glaube, ich würde, trotz allem, alle behalten. Ich will Angst haben. Und ich will mich ihr stellen.

Mach Du es doch auch, Mama. Ich helfe Dir doch.

DR. ROSE

»Ich habe immer Angst, ich kämpfe jeden Tag dagegen an. Nur wenn ich etwas herstelle, habe ich keine Angst«, sagte die Schriftstellerin Miranda July nach ihrer Lesung auf der Bühne einer Berliner Konzerthalle. Es war der 13. November 2015, 21 Uhr, und die salzweiße Haut der kalifornischen Schriftstellerin, Königin der Sonderlinge, färbte sich unter den Scheinwerfern rosa.

Mir erschien July, als habe sie als kleines Mädchen einen Schwur abgelegt, der es ihr nicht gestattete, zu lügen, selbst wenn es zu ihrem Schutz wäre. Jedenfalls beantwortete sie selbst die beklopptesten Fragen aus dem Publikum wahrheitsgemäß.

Frage: Was denken Sie, wenn Sie Ihre Kleidung auswählen?

Antwort: Sieht mein Hintern in dieser Hose dick aus? Macht meine Riesenfrisur meine flachen Brüste wett?

Ich bewunderte sie für diese Haltung. Und fühlte mich nach der Lesung glücklich, leicht, mit der Welt verbunden.

Dieser Moment war schon in wenigen Stunden entwertet. Denn wie die Welt aus den Nachrichten erfuhr, hatten zur selben Zeit, in einer anderen Konzerthalle im über 1000 Kilometer entfernten Paris, junge Menschen auf andere junge Menschen geschossen. 130 von ihnen würden sterben. Die Vorfälle würden jede Leichtigkeit und aufkeimende Intimität im Miteinander fürs Erste ersticken, die Vorstellung von Angst und Sicherheit im Alltag nachhaltig verändern; zumindest sah ich es so.

Wenige Wochen nach den Anschlägen von Paris musste ich zum Flughafen, für meinen nächsten Buch-Termin. Es gab kein einziges Car-Sharing-Auto in ganz Mitte.

Auf dem Weg zur U-Bahn traf ich eine befreundete Mutter – eine sehr mutige Frau, alleinerziehend, sie hatte ihre eigene Agentur aufgebaut –, die mir erzählte, dass sie aus Angst vor Terroranschlägen nun keine Flugreisen mehr mit ihren Kindern unternehmen würde, und ich pflichtete ihr bei.

In der übervollen U-Bahn, die vom Rosa-Luxemburg-Platz zum Potsdamer Platz fuhr, war es gespenstisch still. Die Passagiere starren auf ihre Bücher und Zeitungen. Es gab keinen Augenkontakt. Dafür lauter Gedankenblasen in der Luft: Wer passt ins Fahndungsraster?

Terror ist heute real, sagte ich mir, er fordert reale Opfer. Terror-*Angst* aber findet nur im Kopf statt. Dem Anschlag auf mein Angstzentrum konnte ich mich widersetzen. Oder? Waren das noch meine Gedanken?

Am Flughafen Tegel patrouillierten schwer bewaffnete Polizistinnen. Sie sollten für unsere Sicherheit sorgen, taten sie sicher auch, nur trug die eine, schmale Frau ein Sturmgewehr, das fast genauso lang war wie sie selbst. Würde sie es im Falle eines Falles überhaupt bedienen können, proportional betrachtet?

In der schmalen Gangway zur Economy Class A 380 nach Los Angeles drängelte sich der Spiegel der Weltbevölkerung. Menschen aller Ethnien und Fremdsprachen zogen Rollkoffer hinter sich her. Ich scannte meine Mitreisenden und fragte mich: Vor wem habe ich eigentlich mehr Angst, vor dem Gym-gepumpten weißen Mann im paramilitärischen Aufzug dort oder vor dem Araber mit Turban da?

Meine Großtante war eine der »Landshut«-Geiseln gewesen. »Die Entführer haben Onkel Ewald eine Pistole an die Schläfe gehalten!«, erzählte man sich später, auf Familientreffen, als wir noch an Familientreffen teilnahmen.

Auf Archivaufnahmen von der Befreiung sieht man tatsächlich meine Tante an jenem 13. Oktober 1977 auf der Rollbahn in Mogadischu liegen. Dieses Bild hatte sich lange vor meinem ersten, bewussten Flug in meinem Kopf manifestiert. Flugangst hat mir das nie gemacht.

Auch die Terroranschläge von 9/11 hatten seltsamerweise wenig daran geändert. Vielleicht weil ich einfach zu viel flog, als dass ich es mir hätte leisten können, darüber nachzudenken. Nun hatte sich diese fast professionelle Indifferenz doch gewandelt. Irgendwas hatte sich nach Paris geändert. Oder halt – war es nicht vor Paris gewesen, in der U-Bahn? Wann hatte es angefangen?

Ein Grund mehr, zu Raphael Rose zu fliegen, dachte ich an diesem Morgen. Jenem besagten Experten, auf den ich bei meinen Buch-Recherchen gestoßen war. Wenn ein Therapeut auf der Erde Menschen im All beruhigen kann, sollte er eigentlich jedem überall helfen können.

Dr. Rose gehört zu den weltweit führenden Experten in Sachen Angstbehandlung, er hilft Astronauten auf Langzeitmissionen, das Fürchten zu verlernen. Zusammen mit der NASA hat er ein digitales Anti-Angst-Programm für den Weltraum entwickelt. Laut NASA-Protokoll müssen Astronauten an Bord der *ISS* wöchentlich mit einem Feldarzt und alle zwei Wochen mit einem Psychologen sprechen.

Darüber hinaus unterrichtete er Psychologie-Studenten und Doktoranden, hatte eine Praxis im Stadtteil Beverly Hills, eine Art Space Station für sehr reiche Bewohner mit hohem Neurosen-Potential, hier auf dem Planeten Erde. Von allen Angst-Experten auf der Welt schien er mir einer der fähigsten zu sein. Und einer der zukunftsgerichtetsten:

Immerhin plant die NASA ab dem Jahr 2035 bemannte Flüge zum Mars – zumindest wenn die Raumfahrtbehörde die notwendigen 80-100 Milliarden Dollar Budget aus dem Senatshaushalt bekommt. Bisher hat das Parlament die Riesensumme noch nicht freigegeben.

Sollte es allerdings zu einer Mission kommen, werden die Astronauten mehr als nur naturwissenschaftliche Expertise und physische Fitness brauchen, nämlich auch Nerven wie Drahtseile. Die Reise allein dauert ein Jahr – das sind 365 Tage in Einsamkeit, nur für den Hinweg.

In einem Bericht des US-Fernsehsenders CBS hatte ich gesehen, dass die NASA ein präzises Protokoll zur Vorgehensweise vorsieht, wenn ein Astronaut mal »durchdreht«: Man möge ihn oder sie mit Kabelbindern an Händen und Füßen fixieren. Dabei sind seine Kollegen angehalten, mit dem Astronauten zu sprechen und ihm oder ihr ruhig zu erklären, was gerade geschieht, nämlich, dass er zu seiner eigenen Sicherheit fixiert wird.

Sollte der Patient sich weigern, hätten die Kollegen das

Recht, die Medikamente mit Hilfe einer Injektionsspritze gegen den Willen des Astronauten in seinen Arm zu spritzen. In der Bord-Apotheke finden sich zusätzlich diverse Anti-Depressiva und Anti-Stresspräparate, um einer Eskalation eines All-Blues frühzeitig entgegenzuwirken. Dem ausrastenden Astronauten würde dann das Anti-Psychotikum Haloperiodol und ein Valium zur Beruhigung angeboten werden.

Gleichzeitig sollten der zuständige Mission Commander und ein Feldarzt im Kontrollzentrum abwägen, ob die Mission abgebrochen oder fortgesetzt werden müsse.

Meine Mutter ist niemals gewalttätig geworden, man hätte sie niemals fixieren müssen. Doch wenn ich mich an die ganz schlimmen Panikattacken erinnere, die, bei denen sie fiel, schrie und weinte, würde ich mir doch rückwirkend eine Valium-Pistole wünschen, mit der ich ihr Leid hätte abkürzen können.

Vielleicht würde sie mir ja zumindest zuhören, wenn ich ihr erzählte, dass sogar Astronauten, Helden, Propheten der Zukunft Angstattacken bekommen, und zwar nicht gerade selten? Laut dem Fernsehbericht musste dieses Protokoll zwar noch nicht durchgeführt werden. Aber es ist ja auch noch keiner zum Mars geflogen. Noch nie war ein Astronaut so lange insoliert.

Der Schriftsteller Andy Weir beschrieb diese Isolation in seinem Roman »Der Marsianer«. Darin strandet ein Botaniker und Astronaut in naher Zukunft während eines Sandsturms auf dem Mars. Sein Anzug wird durch den Einschlag einer Antenne beschädigt und sendet dem Rest der Crew keine Lebenszeichen mehr. Er wird für tot erklärt und auf der Oberfläche des Planeten zurückgelassen.

In der menschenleeren Abgeschiedenheit des roten Planeten hört er die Beatles-Sammlung, die ein Kollege auf einem USB-Stick zurückgelassen hat, guckt Schnulzenserien und züchtet Kartoffeln in seinen eigenen Exkrementen – natürlich um den Nahrungsvorrat aufzufüllen, aber auch um *busy* zu bleiben. Beschäftigt gegen die Depression und die Angst, einsam und vergessen allein auf dem Mars zu verhungern.

Der Roman wurde zunächst im Eigenverlag über die Website des Autors vertrieben. Seine Fans drängten den Autor, eine Kindle-Version zugänglich zu machen, und diese 99 Cent teure Version verkaufte sich aus dem Stand in nur drei Monaten über 35 000-mal.

Ich glaube, ich weiß, warum.

Wir alle kennen das Gefühl, wie im All von allen verlassen zu sein, von allen Menschen, von all ihren Ansprüchen. Wir fürchten es. Und wir sehnen es herbei.

DER LANGE WEG RUNTER

Ich landete in Los Angeles und saß ein paar Stunden später schon in einer 90er-Jahre-Lincoln-Limousine nach Malibu. Auf den angefressenen Kunstledersitzen rutschte ich hin und her wie im alten Fahrgeschäft »Schnelle Maus«. Draußen glänzten die Straßen vom Regenwasser, als hätte sie jemand dekorativ mit Lack besprüht, der Himmel war immer noch trübe.

Die Häuser verwandelten sich von niedlichen kleinen Strand-Holzhäuschen in stattliche Bürgerresidenzen und dann in absurde Riesenvillen, deren Fensterfronten wie Eisbergspitzen hinter mit Sicherheitskameras überwachten Mauern hervorblitzten. Hinter den Villen, den Einkaufsmeilen mit ihren Chanel- und Louis-Vuitton-Boutiquen tauchte der riesige Campus der UCLA auf.

Die Universität von Kalifornien liegt im Stadtteil Westwood. Der wiederum neben Beverly Hills und Bel Air im surreal grünen Westen von Los Angeles. Surreal, weil Kalifornien im Zuge einer Jahrhundertdürre gelb und braun aussieht. Nur die wohlhabenden Stadtteile Beverly Hills und Bel Air strahlen unverändert grün, rosa und weiß, als gäbe es keine globale Erwärmung und keine Trockenheit.

In Westwood: gut situierte Anwohner, breite, stolze Avenues, die mit hohen, luxuriösen Hochhäusern gesäumt sind. Die UCLA ist die größte öffentliche Universität Kaliforniens, und eine der besten der Welt.

Raphael Rose und ich waren vor der Franz Hall, dem Sitz des Psychologie-Departments, verabredet. Das Wochenende stand vor der Tür, entsprechend war am späten Nachmittag in der Eingangshalle des Gebäudes nicht mehr viel los. Draußen sah man die Hand vor Augen nicht mehr, so stockfinster war es, dabei zeigte die Uhr gerade erst fünf Uhr nachmittags.

Der Mann, der wenig später auf mich zukam, war baumlang, bestimmt 1,90 Meter und sah aus wie ein freundlicher, jüngerer Bruder des Schauspielers Ed O'Neill. Er trug eine Brille, Jeans und Hemd und klassische schwarze Biker Boots.

»Hi, Miriam?« Er klang leicht verunsichert. Das kannte ich schon. Die meisten Menschen, mit denen ich Blind Dates habe, erwarteten eine deutsche Jüdin, keine Asiatin.

»Willst du 'nen Kaffee?«

Natürlich gibt es im Englischen keine »Du«- und »Sie«-Form. Trotzdem hört man den Unterschied. Und ich wusste: Raphael – offen, vertraut, freundlich – duzte mich. Also ab jetzt: ohne Dr. Rose.

Er schlug vor, in ein Café gegenüber der Franz Hall einzukehren. Während wir uns auf den kurzen Weg über den überraschend zugigen, dunklen Vorplatz machten (auch in Kalifornien geht im Winter um 16:30 die Sonne unter), plapperte er los:

»Seit 13 Jahren arbeite ich an der UCLA, und ich war noch nie in diesem Café, obwohl es ja direkt gegenüber von meinem Büro liegt. Ehrlich gesagt, habe ich keine Ahnung, wie lange es eigentlich schon dort ist. Ich bin blind! Nichts krieg' ich mit!«

Das Café erinnerte mehr an eine Mini-Mensa als an die hippen hypergesunden LA-Restaurants, die an jedem Block eröffneten und die zahllosen Fast-Food-Ketten ersetzt hatten, die noch vor zehn Jahren das Stadtbild geprägt hatten und jetzt einfach verschwunden waren. Das Interieur des Mensa-Cafés erinnerte mich genau an die Zeit, als sich ein *Jack in the Box* ans nächste *Wendy's* reihte, bevor Studien über die fatalen Folgen schlechten Essens die US-Amerikaner zum Umdenken zwangen.

Die Angst vor Krebs. Die Angst vor Herzinfarkten.

Diese geisterhaften Massenmörder hatten Giganten zu Fall gebracht, doch hier war sie noch in Ordnung, die Pepsi-Cola-Welt, man roch förmlich die gechlorten Eiswürfel aus gewachsten Plastikbechern, vier Stunden alten Filterkaffee und mit künstlichen Aromen durchsetzte Blaubeer-Muffins in der Größe von Babyköpfen.

Raphael Rose wurde in den Niederlanden geboren, wo sein Vater damals als Ingenieur arbeitete. Er war Amerikaner polnischer Herkunft, seine Mutter Israelin. Im Alter von zwei Jahren ging Raphael mit seinen Eltern zurück nach New York, wo sein jüngerer Bruder zur Welt kam.

Geboren wurde Raphaels Vater Michael Rose übrigens als Moshe Rosenberg, als Teenager verbrachte er zwei Jahre in einem Konzentrationslager der Nazis und emigrierte nach dem Zweiten Weltkrieg in die USA, wo er sich in Queens niederließ.

In der Erinnerung seines Sohnes war der Vater ein schweigsamer, schwer zugänglicher Mann. »Er ist bis heute mein Held. Nichts, was ich in meinem Leben erreichen könnte, wird an die Errungenschaften meines Vaters heranreichen. Er sah die Hölle, überlebte, studierte und wurde Ingenieur. Und ein guter Familienvater.«

Als Junge hatte Raphael sich oft gefragt, wie der Holocaust seinen Vater verändert haben könnte, wie das Trauma ihn geprägt hatte und was man therapeutisch hätte machen können, um ihn zugänglicher zu machen, ihm das Leben zu erleichtern. Er verstarb vor ein paar Jahren. Die Roses haben kaum weitere Verwandtschaft, denn die Familien beider Eltern starben im Holocaust.

Raphael war ein guter Schüler, studierte zunächst Jura

an der University of Southern California und wechselte dann – inspiriert vom Trauma seines Vaters – zur Psychologie. Seinen Master machte er an der Ivy-League-Uni Darthmouth. Er war seit nunmehr über einem Jahrzehnt Angstexperte an der UCLA. Fachmann für Verhaltenspsychologie. Analyse und Tiefenpsychologie interessierten ihn weniger, er wollte mit Tools helfen, nicht mit langatmigen, therapeutischen Mitteln:

»Kritiker sagen: Wir machen nichts anderes als Pflaster verteilen. Wir verbinden nur offene Wunden. Die nicht behandelte Ursache erzwingt dann wenig später das nächste Problem. Ich sage: Dann verteile ich eben das nächste Pflaster.«

Rose war also Pragmatiker. Aber einer, der mich in fünf Minuten analysiert hatte:

»Bist du in Korea geboren? Aus der Welle der Auslandadoptionen?«

»Ja.«

»Aber in Deutschland aufgewachsen?«

»Ja, in Westdeutschland.«

»Wann bist du geboren? Späte 70er, frühe 80er?«

»1977.«

»Dann wirst du deine biologischen Eltern nicht finden, richtig?«

»Nein, keine Chance. Ich weiß nicht mal mein Geburtsdatum.«

»Aber du hast versucht, sie zu finden?«

»Natürlich.«

»Und wie geht es dir damit?«

»Ganz okay. Ich habe alles versucht.«

»Es geht ja auch weniger um die biologischen Eltern als Menschen, sondern um sie als Symbole.«

»Ganz genau.«

»Deine Geschwister sind aber biologische Kinder deiner Eltern, oder?«

»Wieder richtig.«

»Und du bist die Jüngste, ja? Deine Eltern wollten was Gutes tun, oder? Politisch oder religiös motiviert?«

»Religiös.«

»Hm. Interessant.«

»Meine Mutter hat ihr ganzes Leben lang unter Angststörungen gelitten. Als ich jünger war, dachte ich, ich wäre furchtlos …«

»… kann ich mir lebhaft vorstellen …«

»Warum?«

»Passt ins Bild.«

Das Bild hätte mich interessiert. Auf Nachfrage lachte er:

»Ich wusste nicht, dass ich dich therapieren soll!«

»Na ja, seit mein Sohn auf der Welt ist, weiß ich, wie ängstlich ich bin. Dass ich immer Angst hatte, obwohl ich immer dachte, das dürfte ich nicht. Jetzt fühle ich mich so angreifbar.«

Während ich sprach, spürte ich ein Stechen in der Brust.

»Du bist Mutter geworden. Das sind ganz normale Gefühle, die zum Muttersein gehören. Angst in einem gesunden Maß ist nichts Schlechtes. Sie schützt uns. Sie hilft dir, dein Kind zu schützen.«

Ein gutes Interview hat immer eine gewisse Schnittmenge mit einer Therapiesitzung: Einer fragt, der andere antwortet. Der, der fragt, sucht in den Antworten nach Anhaltspunkten für weitere Fragen.

Raphael hatte tatsächlich die Körpersprache eines Therapeuten: Er saß bequem und entspannt, die langen Beine übereinandergeschlagen und etwas zur Seite gelehnt, so dass der Raum zwischen uns frei blieb. Während er antwortete, bewegte er nur den Kopf, hielt den Augenkontakt und sprach bestimmt, aber freundlich. Zweifelsfrei führte er unsere Konversation, machte jedoch zugleich klar, dass ich die Kontrolle hatte. Er signalisierte Interesse und dachte gleichzeitig mit. Damit baute er innerhalb kürzester Zeit ein Vertrauensverhältnis zwischen zwei eigentlich Fremden auf.

Und bei ihm war ich mir plötzlich nicht mehr so sicher, ob ich statt eines Interviews in Therapie war oder es sogar sein wollte. Es fühlte sich sehr angenehm an, im Gespräch sicher gesteuert zu werden, aber nur in Richtungen, die ich selbst vorgeben konnte. Zur Sicherheit wechselte ich das Thema:

»Sind Astronauten eigentlich furchtlos?«

Raphael streckte sich, lachte.

»Nein. Ein Astronaut, der keine Angst hat, ist ein Sicherheitsrisiko! Astronaut ist einer der gefährlichsten Jobs der Welt. Ein Fehler oder ein Unfall kann im All tödlich enden. Wenn sich ein Astronaut nicht der Gefahr seines Jobs bewusst ist, gehört er nicht ins All.«

»Und was fühlen Astronauten?«

»Ihnen ist langweilig. Stell dir mal vor: Es ist eng, es ist dunkel, man hat seinen Partner und seine Freunde ewig nicht gesehen, das Essen ist schlecht und die Kollegen nerven. Man könnte jeden Moment mit Weltraummüll oder Meteoriten zusammenstoßen. Man macht einen Traumjob in totaler Isolation. Da kann man es schon mal mit der Angst zu tun bekommen.«

Wie genau Raphael denn den Astronauten helfen wollte, das Fürchten zu verlernen, wollte ich wissen.

»Ich zeig's dir«, sagte er knapp.

Wir verlegten unser Gespräch in sein Büro. Es war vielleicht 11 Quadratmeter groß, ein geräumigerer Schuhkarton mit zwei großen Computerbildschirmen, einer Bücherwand (überschaubar, der Zimmergröße angemessen), NASA-Erinnerungen (ein Foto vom letzten Launch der *Atlantis* mit einer persönlich Widmung der Crew), dem Logo seines ersten NASA-Anti-Stress-Programms namens *Smart-OP*. Das war das Selbsthilfe-Programm, das Raphael für ängstliche und gestresste Astronauten als Selbstübung im All und als Vorbereitungstraining entwickelt hat. Er rief es jetzt auf seinem Computer auf, es wirkte wie ein Lehrfilm oder ein Sicherheitsvideo, von der Sorte, die in Flugzeugen gespielt wird.

»Nimm Platz und fang an«, sagte Raphael. »Du kannst gerne Deutsch schreiben.«

Zunächst musste ich Begriffe eintippen, die augenblicklich die stärksten Angstgefühle in mir auslösten, sogenannte Trigger. Ich tippte. Auf dem Bildschirm erschien Buchstabensuppe, vor lauter Aufregung hatte ich vergessen, dass Raphaels Tastatur Englisch angeordnet war. Ich schrieb:

– *Angst, meinen Sohn allein zu lassen.*

– *Flugangst.*

– *Angst, in einem Terroranschlag verletzt oder getötet zu werden.*
– *Angst, meinem Sohn nicht das Leben bieten zu können, das ich mir für ihn wünsche.*
– *Angst vor Mittelmäßigkeit im Job.*

BEEP!

Zeit abgelaufen! Meine Worte verschwanden vom Bildschirm.

Wenige Sekunden später fasste das Programm meine notierten Trigger zusammen und hielt sie mir in fetten Buchstaben vor Augen.

Als Nächstes sollte ich die Augen schließen und mir ganz genau eines dieser Worst-Case-Szenarien vorstellen. Möglichst bildreich. Ich konzentrierte mich also auf das, was ich sonst mit aller Kraft verdrängte, und lud sie ein, rief sie, die Bilder, die wieder und wieder in meinem Kopf kreisten, wenn ich nicht einschlafen konnte. Der dunkle Vogelschwarm, gegen dessen Schwingen ich ankämpfte, wenn ich nachts an die Zimmerdecke starrte.

DER TRAUM

Ich sitze mit meiner Familie beim Essen, in einem kleinen Restaurant in unserer Nachbarschaft. Es heißt Hashi *und ist ein japanisches Restaurant in der Nähe der Berliner Torstraße, einem beliebten, belebten, internationalen Stadtviertel, in dem wir zufälligerweise auch wohnen. Ich stelle mir vor, ich sei schon häufig hier gewesen, hätte im Sommer draußen mit meinem Sohn Fußballspiele geguckt, vielleicht sogar seine Einschulung hier gefeiert. Die Kellner kennen mein Kind und er kennt sie. Er bestellt wie jedes Mal eine Miso-Suppe und Avocado und Lachs-Sushi. Das ist sein Lieblingsessen, seine Augen leuchten vor Glück und Vorfreude, weil alles so vertraut und doch so aufregend ist. Ich bestelle gegrillte Makrele, das ist mein Lieblingsessen, mein Mann gegrillten Lachs.*

Und plötzlich weiß ich, bin ich mir ganz sicher, dass ich mich mein ganzes Leben lang nach einer solchen Szene gesehnt habe: nach Verbundenheit, Vertrautheit, nach einem Zuhause, das genug Flexibilität und Andersartigkeit erträgt, nach Modernität und Gegenwart, einem Familienleben, in dem Platz für all das ist, für all die Dinge, für die in meiner Kindheit kein Platz war. Ich stelle mir vor, ich erlebe etwas, das als selten bezeichnet wird: Ich bin zufrieden, auf ganz bescheidene, unaufgeregte Art.

Wenn ich als ganz junge Frau von solchen Momenten träumte, fühlten sie sich größer und aufregender an, doch jetzt weiß ich, dass manchmal kleines, beinah banales Glück viel befriedigender, ja, sättigender sein kann als das Exzessive.

Ich stelle mir vor, ich hätte mich unmittelbar bevor wir hier so friedlich gesessen hatten, mit meinem Mann über etwas gestritten, an das ich mich noch nicht mal mehr erinnern kann, vielleicht ging es um einen Brief, den er – mal wieder – nicht eingeworfen hatte, oder eine Absprache bezüglich der Abendplanung, die er nicht ausreichend detailliert mitgeteilt hatte. Ich stelle mir vor, später noch eine Freundin anzurufen, für die ich in letzter Zeit nicht genügend Raum in meinem Alltag hatte. Ich nahm es mir in dieser Vorstellung ganz fest vor, sie nach dem Essen anzurufen. Auch würde ich mich, sobald wir einen Augenblick allein hätten, bei meinem Mann für die Streiterei entschuldigen. Ich würde ihm mitteilen, wie froh ich über unser gemeinsames Leben wäre. In meiner Vorstellung freute ich mich auf dieses Gespräch, darauf, meine Gedanken mit dem Mann, den ich liebte, zu teilen.

Kaum hätte mein Sohn die Miso-Suppe angelöffelt, kaum hätte ich seine Apfelschorle, die er immer viel zu schnell runterkippt, in Sicherheit am anderen Tischende gebracht, würde die Tür auf und der Wollvorhang zur Seite fliegen. Zwei Vermummte würden in das Restaurant stürmen. Sie wären bis unter die Zähne bewaffnet, sie trügen Maschinengewehre und Handfeuerwaffen und sie würden sofort losballern, wie Neo und Trinity auf dem Höhepunkt des Films Die Matrix. *Das junge japanische Paar am ersten Tisch neben der Tür würde von seinen Stühlen fliegen, ihr Blut würde an die seitliche Wand spritzen und der ohrenbetäubende Lärm des Maschinengewehrfeuers würde von gellenden Schreien durchschnitten, Schreie, Schreie im Überlebenskampf. Ein junger Mann mit einem Stadtführer auf dem Tisch würde aus seinem Stuhl hechten, um seine Freundin zu schützen. Die Kugel, die ihn an der Schulter träfe, würde über dem Schulterblatt wieder austreten und eine verzweifelt an ihrem Handy herumfingernde Frau streifen. Mein Sohn würde aufheulen. Die Kellnerin würde beten. Der Reis, der eben noch auf dem Nebentisch in der Schale lag, flöge durch die Luft, wie tausend kleine Schneeflöckchen im Blutrausch.*

Mein Mann würde den Tisch umschmeißen. Ich und unser Sohn würden hinter dem Tisch kauern, das Kind würde zittern und einnässen vor Angst und in einer Tonlage schreien, die schmerzender wäre als Fingernägel auf der Schiefertafel: Das blanke Entsetzen eines Kindes, das auf den getöteten Körper seines Vater starrt … Du wolltest ihm doch noch sagen, dass alles gut ist! Du wolltest ihm sagen, dass nur die Summe des gemeinsamen Alltags zählt, nicht seine in Rechthabereien verstrickte Kleinteile! Du wolltest – in diesem Augenblick brennt es in deiner Brust wie Feuer. Du siehst deine Mutter im Raum stehen. Sie lächelt. Du weißt, dass sie, vielleicht zum ersten Mal, seit du denken kannst, keine Angst mehr hat. Weil sie verstorben ist. Du –

BEEP!

Time's up!

Das Programm holte mich zurück in Raphaels Büro. Auf dem Bildschirm poppten Fragen auf, eine Uhr tickte laut mit – *ticktockticktock.*

75 – 23 = ?

BEEP!

Unter welchem Namen kennt man den Comedian und Filmemacher Allen Stewart Konigsberg? *ticktockticktock.*

BEEP!

98 + 54 = ?

BEEP!

Wie heißt die Hauptstadt von Bangladesch? *ticktockticktock.*

BEEP!

31 + 18 = ?

BEEP

Ich beantwortete alle Matheaufgaben falsch. In meinem Kopf hatte sich ein riesiger Knoten gebildet. Mein Fehlerquotient war mir wahnsinnig peinlich.

»Ich bin eigentlich gar nicht so schlecht im Rechnen!«, sagte ich zu meiner Verteidigung, während die Zeit für die nächste Frage ablief und die Mitarbeiter im imaginären Restaurant *Hashi* in meinem Kopf Scherben aus Zahlen zusammenkehrten.

»Pass auf, deine Frage!«, rief Raphael.

BEEP!

Verdammt. Aus mir würde kein Astronaut, dachte ich noch, während mir das Programm plötzlich meine Trigger wie Ausrufungszeichnen in graphischen Bildern vor Augen hielt:

Meinen Sohn allein lassen

Flugangst

Terroranschläge

Angst, meinem Sohn nicht das Leben …

Genau das war der Effekt: Der gedankliche Kreis um die Trigger sollte sich auflösen. »Es geht darum«, erläuterte Raphael, »sich seiner Trigger bewusst zu werden, sie einmal durchzuspielen und dann wegzupacken. Das beugt irrationaler Panik im Alltag vor. Deine Angst vor dem Tod kannst du nicht abstellen. Aber du kannst die Auslöser bekämpfen und somit weniger schnell der Angst aufsitzen.«

»Würdest du ins All fliegen?«, fragte ich ihn.

Raphael lachte wieder: »Nein, niemals. Ich würde sterben vor Angst.«

»Du bist ein Angst-Experte. Du wüsstest doch, was zu tun ist, oder?«

»Psychologen haben einen Running Gag untereinander: Du bist, was du behandelst.«

»Welche Berufsgruppe ist die ängstlichste?«

»Kann ich nicht sagen, ich weiß nur: Autoren müssen sehr gut mit ihrer Angst umgehen lernen. Ich habe mit vielen gearbeitet. Wenn ihr euren Ängsten nachgeben würdet, gäbe es keine Bücher und keine Artikel mehr. Die Angst, bloßgestellt zu werden, und die Angst, später kritisiert, lächerlich gemacht und zur Rechenschaft gezogen zu werden, wäre einfach viel zu groß.«

Darüber hatte ich tatsächlich noch nie nachgedacht. Solange ich veröffentliche, existiere ich. Die Angst davor, zu verschwinden, wenn ich nicht veröffentliche, wäre immer größer als die, bloßgestellt zu werden.

»Wie geht's denn deiner Mutter heute?«, fragte Raphael zum Schluss.

»Ich glaube, okay«, sagte ich, »gerade schwächelt sie ein bisschen, aber davor ging es ihr jahrelang richtig gut. Sie hat sich noch Wünsche erfüllt, ist in die Toskana gefahren, solche Dinge ...«

»Das ist ja toll«, antwortete er, »kleinere Rückfälle sind ehrlich gesagt ganz normal. Das geht wieder weg. Du wirst sehen.«

Es war kein kleiner Rückfall. Das sollte ich erfahren, als ich nach meinem Treffen mit Raphael in mein Hotel kam und meinen E-Mail-Account checkte. Mein Vater hatte geschrieben. Das passierte nur in Ausnahmefällen.

ES WIRD ERNST

Von: Papa
Datum: 11. Dezember 2015 um 14:37:54 MEZ
An: miriam stein
Betreff: Mama und Oma

Liebe Miriam,

Mama ging es in den letzten Tagen immer schlechter, so dass wir gestern das Krankenhaus zur Notuntersuchung aufgesucht haben. Sie leidet unter großer Atemnot, hat viel Wasser in den Beinen und Füßen bis zum Bauchraum und jeder Schritt fordert ihr viel Kraft ab. Sie haben sie gleich dabehalten.
Die heutigen ersten Untersuchungen am Vormittag waren sehr niederschmetternd. Sie hat Wasser in der Lunge, weswegen sie heute gleich punktiert wurde, was wohl sehr schmerzhaft war.
Wie uns der Chefarzt heute mitteilte, kommt das Wasser in den Beinen von einem großen Tumor in der Brust. Wie weit dieser schon gestreut hat, werden die nächsten Untersuchungen zeigen. Eine CT-Untersuchung musste wegen ihres geschwächten Zustandes abgebrochen werden und wird nun unter Vollnarkose am Montag durchgeführt. Ich werde dann an ihrer Seite sein.
Sie wird jetzt quasi auf den Kopf gestellt, aber Tatsachen-

ergebnisse werden wir erst am Montagabend oder Dienstag haben.
Nicht nur sie, sondern auch ich bin momentan sehr geschockt, weil es doch sehr unvermittelt kam. Ich muss mich jetzt erst mal neu sortieren. Ich habe große Angst um sie. Sie ist sehr schwach. Aber ich gebe die Hoffnung nicht auf.
Zurzeit bin ich fast ständig bei ihr im Krankenhaus und erst abends wieder zu Hause.
Am Wochenende finden ja keine weiteren Untersuchungen statt. Ich habe sie in ein Einzelzimmer legen lassen und hoffe, dass es ihr dort den Umständen entsprechend gut ergeht.
Ansonsten halte ich euch auf dem Laufenden, soweit ich das schaffe.

Wir haben euch alle lieb!
Papa und Opa

Von:	miriam
Datum:	11. Dezember 2015 um 16:33:54 MEZ
An:	Papa
Betreff:	Re: Mama und Oma

Sollen wir kommen? Bin in LA bis Sonntag …

Von meinem iPad gesendet

Von: Papa
Datum: 11. Dezember 2015
um 20:16:34 MEZ
An: miriam stein
Betreff: Re:Re: Mama und Oma

Liebe Miri,
danke, dass ist sehr lieb. Aber wir meinen, dass wir erst mal das Ergebnis der verschiedenen Untersuchungen abwarten sollten. Heute Abend ist die Atemnot durch den Entzug des Wassers schon sehr viel besser. Wenigstens in dieser Hinsicht etwas Erleichterung.
Liebe Grüße nach LA.

METASTASEN

Zurück in Berlin.

Ich denke an mich, vor fünf Jahren.

Ich erkenne den Duft der Lindenblüten im Sommerregen und gehe wieder auf der Kastanienallee an einem faulen Sonntagnachmittag mit dem Baby in der Trage spazieren, glücklich-vergesslich von all den Stillhormonen.

Ich sehe mich, ich erinnere mich so klar, wie ich jetzt diese Worte aufschreibe. Ich halte mich an diesen Erinnerungen fest wie an einem Rettungsring und in der Angst, dass die Strömung jede Minute zunehmen könnte. Und wie war das noch mit dem Vergessen?

Ich höre die Musik, sie fließt durch die Kopfhörer in meine Ohren und stimuliert meine Erinnerungen: *Do you remember the first time?* Dann sehe ich *Pulp*-Sänger Jarvis Cocker vor den letzten Strahlen der untergehenden Sonne über einem abgelegenen Festivalgelände in der Schwäbischen Alb tanzen – das war 2002 oder 2001? 2000? Ich erinnere mich nicht mehr so genau.

Und dann spüre ich sie wieder, die Angst, die ansteckend ist, die tröpfchenweise übertragen wird. Sie sitzt in den Informationen auf der Website von *23andMe*, die so wissenschaftlich präzise und doch eigentlich komplett anfechtbar sind. Wir tauschen die Angst untereinander aus wie einen Schnupfen, im Vorbeigehen, beim Händeschütteln, in der U-Bahn, im Büro, am Abendessenstisch, vor dem Zubettgehen. Sie ist heimtückisch, lautlos, schleicht umher, während ich schlafe. Sie stört das gleichmäßige Atmen, die Ruhe, infiltriert meine Träume, lässt mich hochschrecken. Schon vergesse ich die Bilder, die mir den Schlaf geraubt haben, und es bleibt nichts als ein diffuses, fades Gefühl von Furcht, wie verbleichende Gesichter auf alten Fotografien.

Wie wir heute wissen, war ihr ganzer Körper von Metastasen befallen. Nur die Lunge nicht. Alles andere: die Organe, die Knochen, alles.

Nach all den Jahren, in denen sie sich eingebildet hatte,

nicht mehr atmen zu können, konnte sie es nun tatsächlich, wirklich physisch, nicht mehr.

Als sie sich Hilfe holte, war es schon lange, lange zu spät. Ihre Angststörung hatte sie vor ihrer Familie nicht verstecken können, denn sie beherrschte massive Teile ihres und unseres Lebens. Ob sie ihre Krebserkrankung vor uns versteckt hatte, darüber wagte ich nicht zu spekulieren.

Wenn man 40 Jahre lang Angst hat, nicht mehr atmen zu können, und dann plötzlich *wirklich* nicht mehr atmen kann: Wem glaubt man dann noch? Seinem Körper oder seinem Kopf? Als ich meine Mutter zum letzten Mal sah, hatte ich Angst, sie das zu fragen. Ich glaube auch nicht, dass sie die Antwort auf diese Frage gekannt hätte. Vor allem hätte sie die selbsterfüllende Prophezeiung vom Tisch fegen wollen, damit sie nicht die nächste Panikattacke in ihrem Kopf auslösen konnte.

Es war schwer, sie zu behandeln. Selbst ein CT hatte abgebrochen werden müssen, wegen einer Panikattacke. Menschen mit Platzangst bekommt man nun einmal nicht in Computer-Röhren, in denen sie still liegen müssen, während Magnet-Bänder lautstark um sie herumzirkulieren. Nicht einmal im Angesicht des Todes.

Nachdem ihre Lunge einmal punktiert worden war, eröffnete man uns, dass der Eingriff wiederholt werden müsste. Meine Mutter weigerte sich. Sie hatte Angst. Wir fuhren alle drei ins Krankenhaus, wenige Tage vor Weihnachten. Kinder gehen mit aussichtslosen Situationen besser um als Erwachsene, unser Sohn setzte sich neben meine Mutter aufs Bett, quasselte und probierte die Tomatensuppe:

»Boah, Oma, schmeckt die schlecht!«

Meine Mutter konnte nur ganz kurz lachen, denn das Essen, das schlechte Krankenhausessen, brachte sie um den Restverstand. Ein liebloses Omelett und eine überwürzte Tomatensuppe konnten ihr keine Sicherheit suggerieren, so wie Brötchen vom Bäcker Läer oder Comté-Käse vom Bioladen.

»Ich habe drei Tranxillium genommen«, erzählte sie und lallte dabei wie ein Betrunkener. Meine Mutter, die nie mehr als ein Glas Wein getrunken hat. Die seinerzeit keine Tranxillium nehmen wollte, weil sie Angst vor der Wirkung und der Abhängigkeit hatte. Angst hatte sie trotzdem, das sah ich in ihren Augen, doch sie sagte kein Wort darüber.

Die Ärzte eruierten Behandlungsmöglichkeiten mit uns, doch während die Onkologin sprach und meine Mutter beruhigte, drehte sie ununterbrochen nervös an ihren Ringen und ich wusste: Sie log. Nicht boshaft, sondern als Notlüge. Es gab keine Hoffnungen, keine Behandlungsmöglichkeiten mehr. Alles, was die moderne Medizin, die Organe austauschen und Angst im Gehirn sichtbar machen, die Gene isolieren und benennen, die Leben befruchten konnte, war, den Schmerz reduzieren und die Angst mit Hilfe von möglichst starken Drogen einzudämmen.

Die Angst davor hatte meine Mutter verloren: Sie schluckte alles, was man ihr gab. Ich sprach ihr gut zu: »Mach's dir einfacher!«

Der Kleine wollte bald lieber im Aufenthaltsraum die Spielesammlung durchspielen. Meine Eltern überlegten, ob meine Mutter Weihnachten lieber zu Hause oder im Krankenhaus verbringen wollte, und sie fanden keine adäquate Antwort. Sie hatten überhaupt keine Antworten mehr. Es war, als habe die Krankheit ihr Erwachsensein, ihre Vernunft blockiert. Sie waren wieder Kinder, sie waren im Schock kaum mündiger als unser sechsjähriger Sohn.

Camilos Vater verstarb in Chile, als ich im dritten Monat schwanger war. Er wusste noch, dass wir ein Kind erwarteten, doch er lernte seinen Enkel nicht mehr kennen. Ein Leben erlosch, ein neues kam in die Welt. Wir vereinbarten mit meinen Eltern, dass wir über Silvester noch mal kommen würden. Sie hatten niemals in ihrem Leben Feuerwerkskörper gezündet.

»Wir lassen es richtig krachen!«, erklärte ich, »wir machen ein richtig schönes Feuerwerk.«

Meine Mutter nickte. Sie war erschöpft. Wir strengten sie an, egal, wie sehr sie sich freute, uns zu sehen.

»Tschüss, Oma«, rief der Kleine und hopste, »hoffentlich tut der Krebs nicht so dolle weh!«

Wieder dieses Lächeln. Camilo verabschiedete sich und verließ mit unserem Sohn das Krankenhaus, denn er hatte vor dem Gebäude einen Spielplatz geortet.

Was sagt man? Wie geht man? Wenn man sich nicht sicher sein kann, dass man sich wiedersieht? Sollte ich bleiben?

Ich weiß noch, dass ich irgendwelche aufmunternden Worte gesagt habe – dass es jetzt nur noch um sie ginge, dass sie sich nicht mehr genieren oder entschuldigen solle. Ich weiß es nicht mehr. Ich sehe mich immer noch dort sitzen und sehe, dass ich meinen Mund bewege, doch es kommt kein Ton mehr raus.

»Silvester dann«, höre ich mich sagen.

Wieder nickte sie.

»Auf Wiedersehen, alles Gute«, sagte ich und ging dann langsam Richtung Tür. Kurz bevor ich ging, drehte ich mich noch mal um. Und da sah ich sie: Sie saß jetzt auf dem Bett. Ihre ganze Kraft gesammelt und sich aufgerichtet, ihren Kopf vorgestreckt, ihre Brille aufgesetzt, und winkte, mit weit aufgerissenen Augen.

»Tschüss, grüß den Kleinen, tschüss!«

Silvester ging es ihr so schlecht, dass sie keinen Besuch mehr empfangen konnte. Sie starb am 9. Januar 2016 im Beisein meines Vaters. Sie ging ganz friedlich, im Schlaf, ohne Schmerzen, hoffentlich frei von Angst. Und dann stieg sie auf zu ihrem Gott – das war ihre feste Überzeugung. Und es ist meine.

Während sich eine allgemeine, schleichende, kollektive Angst zum Jahreswechsel 2015/16 in den Straßen und Köpfen um mich herum sammelte und die Schlagzeilen der Zeitungen und Blogs dominierte (»Drei Stunden in der Angst-Zone«, *Welt* vom 10. Januar 2016, »Aufstand der Ängstlichen«, *Spiegel* vom 12. Dezember 2015); während die Furcht vor Terror, Überfremdung und Zukunft sich anscheinend tumorartig in Deutschland und Europa auszubreiten schien, verschwand sie, tonlos, ohne weitere Worte oder Geräusche.

Sie wird keinen Experten mehr treffen. Sie wird nicht mehr wissen, dass man sie heute gut hätte behandeln können. Ihr fehlten 20 Jahre Medizingeschichte und das

Anerkennen-Wollen, dass neue Forschung auch für sie gegolten hätte.

DEN PANZER WÄHLEN

Den größten Fashion-Moment der letzten Jahre hatte ich zur Beerdigung meiner Mutter.

Es ist die seltsamste Kollision von Lebenssinn-Momenten, das vollkommen trotzigste, sinnloseste, paradoxeste Anliegen, der endgültige Beweis der Kümmerlichkeit so eines kleinen Menschenlebens, aber was hilft es: Man will sich für eine Beerdigung schön anziehen. Man will es.

Ich hatte vorher ganz genau gewusst, dass ich nichts von meinen bereits in meinem Kleiderschrank vorhandenen Sachen tragen wollte, und mir einen halben Nachmittag freigenommen. Ich streifte durch verschiedene Läden, in einer Mischung aus Trance und Pragmatismus begutachtete ich schwarze Anzüge mit Lederpaspeln und grauem Viskoserevers und Seidenblusen. Selten zuvor hatte ich das Anprobieren als anstrengender empfunden, so, als müsste ich zu viele Häute ablegen, mich zu sehr entblößen, immer wieder. Trotzdem: Es musste sein. Es kam mir albernerweise sogar wie eine Pflicht vor, eine letzte Ehre, die ich meiner Mutter erweisen musste, indem ich meine innere Verfassung nach außen stülpte.

Gleichzeitig wünschte ich mir einen Panzer, eine Rüstung. Ich würde am Grab stehen und Hände schütteln müssen, würde alte Menschen weinen sehen und immer wieder die Fragen hören und parieren müssen: »Kennst du mich noch? Weißt du noch, wer ich bin? Kannst du dich an mich erinnern?«

Dann würde ich die runzeligen, müden Gesichter wiedersehen, die damals, wie meine Freunde heute, unser Leben, zumindest zeitweise, bevölkerten. Zwischen den Krähenfüßen und den gedrungenen Rücken, unter hängenden Tränensäcken und hinter Geheimratsecken würde ich sehen, was ich sonst nie sah: Alter, Erschöpfung, Angst davor, der Nächste zu sein.

Also musste das Outfit stabil sein, keine Seide, keine fragilen Stoffe, sondern etwas Festes, wie Filz oder Wolle, etwas, das nicht nur vor der Nasskälte an diesem Januartag, sondern auch davor schützte, betrachtet zu werden. *Wirklich* betrachtet. In die Seele geschaut. Es sollte präsentieren, wer ich war, wer ich geworden war: erwachsen, zeitgemäß, Qualität anerkennend, zurückgenommen, unaufgeregt, gefestigt in mir selbst. Trotzdem: nahbar. Die Angst akzeptierend. Ich hatte es gelernt, das verflixte Fürchten.

Was trägt man da? Was schützt und verleiht Haltung, ohne den Respekt von der Trauernden abzulenken? Ohne für sich selbst zu sprechen? Aus welchem Stoff ist die Trauer, aus welchem die Hochachtung? Wie werde ich aussehen, wenn ich die letzte Ehre erweise? Etwas Feierliches. Echte Materialien, simple Schnitte – wahre, echte Sachen.

Ich stand also in einer schwarzen Wollhose und einem leicht asymmetrisch geschnittenen schwarzen Wickelmantel aus dünnem Wollfilz zentimetertief im Matsch. Es nieselte, über hundert Menschen waren gekommen, um ihr die letzte Ehre zu geben. Die Trauergäste hatten ihre guten Anzüge aus dem Schrank geholt. Und ich hatte eben nicht das Kleid an, das ich immer trug, wenn ich formal oder gedeckt aussehen musste. Ich sah genauso aus, wie ich aussehen wollte.

Mein Vater hatte ihr etwas Ähnliches ausgesucht, etwas Bescheidenes, Wetterresistentes, eine dicke graue Strickjacke mit einer braunen Baumwollbluse und einer dunkelblauen Hose.

Wachablösung: Sieh mich an, Mutter. Sieh, aus mir ist eine Frau geworden. Die heute hier stehen kann, auf eigenen Beinen, in ihrem eigenen Leben, und um ihre Mutter trauert.

Ich glaube, sie hätte mir zugestimmt. Und dass sie sich, gleichgültig, wie unterschiedlich unsere Vorstellungen vom Leben auch gewesen sein mochten, gewünscht hätte, dass ich keine Angst habe. Ihr Dämon war das Letzte, was sie weitergeben wollte. Ihr Anti-Vermächtnis.

Ob meine leibliche Mutter noch lebte, wusste ich an dem Tag, an dem ich meine Adoptivmutter beerdigte, nicht. Trotzdem habe ich seitdem das Gefühl: *Ich bin die Nächste*. Die Generation vor mir verabschiedet sich, mit ihr die Rolle des Mädchens in mir. Tochter einer Mutter kann ich jetzt nicht mehr sein – mit Sand auf dem Sarg meiner Adoptivmutter, mit einer Speichelprobe als letzte Überbleibsel meiner biologischen Mutter.

Ich sehe heute meinen Sohn an. Wenn er neben mir auf Camilos Füßen herumhüpft.

Ich hoffe, dass es mir gelingen wird, die Ängste meiner Mutter und die ihrer Mutter hier und jetzt zu unterbinden. Ich will meine Rüstung auf ihn ausweiten und ihm gleichzeitig beibringen, seine eigene auszusuchen.

»Der einzige Weg, keine Angst zu haben, ist zu sterben«, hatte Raphael zu mir gesagt.

Meine Mutter hat ihre Angst also endlich besiegt.

Und ich?

Bin tough. Natürlich habe ich Angst, aber ich bin eben kein Angsthase, zumindest nicht im Alltag. Sonst würde ich das hier gar nicht schreiben.

Der Experte hat gesprochen. Ich denke einfach nicht an die Leser, die Kritiker, die Kollegen, die mich irgendwann eventuell bloßstellen (oder noch schlimmer: meine Arbeit ignorieren), ich denke immer nur einen Gedanken weiter, das ist der sicherste Weg.

Nur wenn ich an der Ecke stehe, an den Scharnieren meines Lebens, dann fürchte ich mich doch.

Aber – ich weiß es.

EPILOG

Manchmal denke ich, dass meine gesamte Generation von Angst gesteuert ist, dass sie in uns hineinerzählt und -programmiert wurde. Erst in Form von elterlichen Beschwörungsformeln, dann als HIV-Seuche, BSE-Seuche, als Waldsterben, Tsunamis, SARS und Vogelgrippen, später mit den tausendfach wiederholten 9/11-Bildern, und natürlich den tausendfachen Sicherheitschecks zu unserer eigenen Sicherheit. Die Liste der ganz großen gesellschaftlichen Ängste, denen wir schon beigewohnt haben, ist lang.

Dazu kommen die kleinen, beißenden Alltagsängste, die unter dem Label »Luxusprobleme« abgetan und lächerlich gemacht werden. Dass man es nicht hinbekommt, dass man alles verpasst, dass man nie die richtige Entscheidung trifft, dass man nicht gut genug aussieht oder auf andere Art »nicht reinpasst«. Vor allem davor, dass man niemals das erreichen wird, was die eigenen Eltern erreicht haben – den Wohlstand, den Frieden –, sondern dass man immer nur dem hinterherrennen wird, was als »normal« vorgelebt wurde.

Meine Mutter hatte ihre Therapeutin Frau Brüggen irgendwann in den frühen 80er Jahren durch einen Gesprächskreis für Frauen getroffen. In dieser moderierten Runde ging es um den Austausch alltäglicher Probleme von Ehefrauen und Müttern.

Neben meiner Mutter waren in dem Gesprächskreis noch zwei Sozialarbeiterinnen, eine Lehrerin und eine ehemalige medizinisch-technische Assistentin, die wie meine Mutter mittlerweile Hausfrau war.

Die Frauen trafen sich einmal die Woche abends, ich stellte mir den Kreis wie eine Art verspätete 70er-Jahre-Mischung aus Kaffeekränzchen, Buchclub und Gruppentherapie vor.

Der Gesprächskreis war außerdem, soweit ich mich erinnere, die einzige soziale Aktivität, die meine Mutter jemals ganz allein gemacht hatte – ohne uns Kinder und ohne meinen Vater. Offensichtlich ging sie gern dorthin, zumindest, solange sie konnte.

Ich wäre als Kind nie auf den Gedanken gekommen, dass mir ebenfalls eine Psychologin zustehen könnte. Als Frau Brüggen zu uns nach Hause kam, sprach sie wie gesagt hin und wieder ein paar Sätzchen mit mir. Ob sie überhaupt mit meinem Vater sprach, daran erinnere ich mich nicht.

Heute weiß ich: Angehörigenberatung bei psychischen Krankheiten ist immer noch ein unerforschtes, oder besser gesagt, unfinanziertes Land. Therapeutische Begleitung wird für die Erkrankten (unter bestimmten Umständen) bezahlt, doch nicht für die Angehörigen.

Während Psychoonkologen, Psychologen mit medizinischem Sachverstand für Krebserkrankungen, mittlerweile Angehörigen-Begleitung anbieten, werden Angehörige von Angstpatienten immer noch mit Tipps abgespeist. Etwa: Nicht zu viel abnehmen. Das eigene Leben pflegen, um stark und gesund zu bleiben. Schuldgefühle vermeiden. Gut zureden.

Kurz vor dem Tod meiner Mutter traf ich Professor Dr. Andres Ströhle, der in der Berliner Charité die Angstambulanz leitet. Er würde gerne Angehörige stärker in sein Programm einbinden, doch fehlen »dazu schlicht und ergreifend die Mittel«.

Ein Angehöriger müsste seine Therapie selbst bezahlen, solange er nicht eigene Pathologien entwickelt. Ströhle sieht es als extrem wichtig an, die direkten Angehörigen mitzubehandeln: »Sie tragen die Erkrankung und die Folgen. Stabile Angehörige können dem Erkrankten zu Hause viel besser zur Seite stehen als überforderte, verwirrte. Auch verhindert man spätere Schäden bei Kindern.«

Heute wünschte ich, ich hätte meine Mutter, genauso wie mein Londoner Mitbewohner Steven mich damals im Club in London auf MDMA, mal kräftig in den Arm gezwickt. Ich wünschte, ich hätte, wie Dr. Ströhle sagt, die »innere Stabilität und Reife« dazu gehabt (»konnten Sie nicht haben, Sie waren ja ein Kind …«). Frau Brüggen jedoch schien so empathisch, so ergriffen von der Situation bei uns zu Hause, dass sie wohl gar nicht in der Lage war, den psychiatrischen »Bad Cop« zu geben.

Laut DEGS-Studie des Robert-Koch-Instituts von 2013 erleiden mindestens 33,3 Prozent aller Erwachsenen einmal im Leben eine behandlungsbedürftige psychische Krankheit. Laut der gleichen Studie sind drei Millionen Kinder von diesen Erwachsenen betroffen – denn die Kranken sind ihre Eltern.

»Die Hälfte dieser Kinder sind selbst psychisch auffällig«, sagte Silke Wiegand-Grefe, Professorin für Klinische Psychologie an der Medical School Hamburg am Uniklinikum Eppendorf in Hamburg, am 30. Dezember 2013 der *FAZ*. Sie gründete CHIMPS, Children of mentally ill parents, ein Interventionsprogramm für Kinder psychisch kranker Eltern von 4 bis 18 Jahren. Es ist ein Pilotprojekt.

Hier werden Fragen von Kindern psychisch kranker Eltern beantwortet, ihre Eigenständigkeit gefördert, gleichzeitig ihr Kindsein erhalten, denn, so sagen die Fachleute, Kinder psychisch kranker Eltern »beeltern« den erkrankten Elternteil und geben damit ihr eigenes Kindsein auf.

Das Programm steht noch am Anfang. Meines Erachtens sind solche Projekte, neben der Rettung vieler Schicksale, Investitionen in die Zukunft, denn psychische Krankheiten sind bis heute der häufigste Grund von Berufsunfähigkeit in der EU – mit 28,67 Prozent, laut einer Studie von Morgan&Morgan von 2013.

Wenn, wie die CHIMPS-Studien besagen, die Hälfte aller Kinder psychisch erkrankter Eltern selbst krank werden, belasten die heute unbehandelten Kinder, zu denen ich gehört habe, morgen das Gesundheitssystem.

Ich wollte keinesfalls in die soziale Frührente. Ich wollte arbeiten. Ich wollte es selbst schaffen. Ich wollte, im Gegensatz zu meiner Mutter, eben nicht auf die Hilfe anderer angewiesen sein – deswegen hatte ich Glück, eine gute Therapeutin zu haben, eine, die mir besser helfen konnte als damals Frau Brüggen meiner Mutter. Vor allem konnte ich dieses Buch schreiben. Die Chance haben viele der Betroffenen nicht. Und so ist es auch ein Buch für sie.

ANMERKUNGEN

»Where's the Party« auf dem Album »True Blue« von Madonna, 1986, Text und Musik Madonna, Stephen Bray, P. Leonard

»Die Furcht vor der Freiheit« von Erich Fromm, übersetzt von Liselotte und Ernst Mickel, dtb Verlagsgesellschaft, 1993

»Die Tür« (The Door), Episode fünf aus der sechsten Staffel der Serie »Game of Thrones«, Regie: Jack Bender, Drehbuch David Benioff und D.B. Weiss, mit Isaac Hempstead Wright und Kristian Nairn, Kit Harington und Peter Dinklage, HBO, 2016

»Das Beste kommt zum Schluss«, (»The Bucket List«), von Rob Reiner, mit Morgan Freeman und Jack Nicholson, Warner Bros, 2007

»Die Akte der Auguste D.« von Konrad und Ulrike Mauerer, Theaterverlag Hofmann Paul, Berlin, 2001

»Märchen von einem, der auszog, das Fürchten zu lernen«, aus Kinder- und Hausmärchen. Ausgabe letzter Hand mit den Originalanmerkungen der Brüder Grimm, von Gebrüder Grimm und Heinz Rölleke (Herausgeber), Reclam Verlag, 2014

»Ein Maustronaut im All«, aus der Reihe »Die Sendung mit der Maus«, mit Alexander Gerst, WDR, 2014

»Der Marsianer – Rettet Mark Watney« (»The Martian«), von Andy Weir, übersetzt von Jürgen Langowski, Heyne Verlag, 2015

»Do you remember the first Time?« von Pulp, Text und Musik von Jarvis Cocker, Russell Senior, Steve Mackey, Nick Banks und Candida Doyle, Island Records, 1994

DANKSAGUNG

Dank an all die Wissenschaftler, die sich Zeit genommen haben, mir die Angst zu erklären. Insbesondere aber an: Dr. Raphael Rose, Professor Dr. Hans Christian Pape, Professor Dr. Paul Pauli, Daniel Gromer, Professor Dr. Andreas Ströhle.

Dank an meinen Vater und meine Geschwister. Camilo und Santi.

Außerdem an: Helgard Haug, Daniel Wetzel, Sebastian Brünger und Heidrun Schlegel vom Rimini Protokoll.
An meine mutigen Freunde Jenna Krumminga und Dirk Peitz. An Kerstin Schneider für die Geduld, Ute Joos fürs Zuhören. Jörn Morisse für jahrelange Wegbegleitung. Und an meine Lektorin Rebecca Casati für das Ordnen meiner Gedanken, für furchtlose Unterstützung und Inspiration.